KB215258

도서관으로 가출한 사서

일상의 스펙트럼 08

도서관으로 가출한 사서

김지우

산지니

차례

들어가며. 도서관을 소개합니다

사춘기 시절, 부모님과 싸우고 종종 집 밖으로 뛰쳐나가곤 했었다. 청소년기에 집을 떠나 방황하는 것은 특별한 일이 아니다. 반항하지 않은 젊음은 죽은 것이라는 말도 있지 않나. 그런데 우리 어머니 말씀이, 나는 집 나가서 간다는 곳이 도서관이라서 딱히 신경을 쓰지 않으셨다고 한다. 우리 어머님의 쿨함도 놀랍지만 부모님과 싸우고 기껏 뛰쳐나간 곳이 도서관이라니. 보통 집을 뛰쳐나가면 부모라는 권위에 대해 저항하며 그동안 가지 못했던 곳에서 하지 못했던 일을 하지 않나. 마트에서 술을 산다거나 PC방에서 게임을 하는 식으로 말이다. 그런데 겨우 도서관이라니! 나의 젊음은 죽었다고 하기에는 찝찝하고 살았다고 하기에는 소심했다.

삶의 기억 중 많은 부분이 도서관을 배경으로 하고 있다. '어쩌면 그럴 수 있었을까' 싶을 정도로 책을 좋아했다. 주말이면 도서관에 갔고, 집을 뛰쳐나가서도 도서관을 찾았다. 그리고 그렇게 도서관을 쏘다니다 사서 자격증이 나오는 문헌정보학과에 입학을 했다. 수업을 듣기도 전에 이미 도서관에서 책 찾는 법* 정도는 경험으로 터득하고 있었다. 문헌정보학계의 선행학습자였던 학생은 도서관에서 첫 알바를 시작했고 도서관 서포터즈를 하면서 도서관 공모전에서 상을 받더니 졸업 후 도서관에서 사서로 일하며 도서관을 소재로 책까지 쓰고 있다. 이렇게 서술하고 보니 도서관이 존재함에 항상 감사하며 살아야겠다는 의무감이 느껴진다. 그동안 이동도서관, 학교도서관, 공공도서관, 대학도서관 등 다양한 도서관을 이용

---

* 좀 더 전문용어를 쓰자면 청구기호와 분류번호 보는 법.

자로, 알바생으로, 사서로 다녔다. 이 공간에 얽힌 추억과 단상을 소재 삼아 당신에게 말을 걸고, 또 도서관의 매력을 소개하고 싶다.

도서관에 대한 기억은 다들 하나쯤 있을 것이다. 도서관은 동네마다 있고, 엄마 손에 이끌려서든 시험공부를 위해서든 시간을 떼우기 위해서든 많은 사람들이 도서관을 방문한다. 그렇지만 이 공간의 이모저모를 모두 즐기는 사람은 드물다. 대부분의 사람들은 도서관에서 책만 빌려 본다. 조금만 도서관에 관심을 기울이면 3D프린터나 공유주방이 있는 도서관도 있고, 작가 지망생에게 글쓰기를 지원해주는 도서관도 있다는 걸 알게 된다. 도서관의 구석구석을 잘 아는 사서들만이 도서관의 다양한 혜택을 누리는 것 같기도 하고 가끔은 사서들도 업무에 따라서 도서관의 전부를 즐기지 못하는 듯싶다. 가급적 다양한 도서관의 여러 모습을 담고자 했으니 이 책을 통해서 당신이 도서관과 좀 더 친해졌으면 좋겠다.

책장 속에 파묻힌 어린 나

도서관에 대한 최초의 기억은 누런색이다. 이 색은 인생 첫 도서관이었던 이동도서관의 색이다. 이동도서관은 버스를 개조해서 만든 도서관으로 이름 그대로 아파트, 노인정, 군부대, 마을회관 등 다양한 장소로 이동한다. 내가 어렸을 때 살던 아파트에는 매주 수요일마다 이동도서관이 찾아왔다. 나는 이동도서관만 떠올리면 누렇다는 색감이 먼저 떠오르는데, 누런색의 독서 기입장이 원인일 수도 있고, 여기에서 빌렸던 책 대부분이 손때가 많이 묻은 누런 누더기 같아서였을 수도 있다. 요즘은 내·외부를 모두 색색으로 칠한 예쁜 이동도서관이 많은데 내 기억 속 그곳은 좁디좁고 누렇다. 그러나 나는 아직도 이동도서관이 찾아오던 수요일을 기분 좋게 기억하고 있다. 이곳에서 빌렸던 책들은 주로 도깨비와 내기를 하고, 호랑이를 쫓고, 갑자기 노승이 변신을 하는 옛날 이야기 종류, 그리고 마녀가 저주를 걸고 용사가 괴물과 싸우는 이야기들이 많았다. 나는 학교 수업시간에 나올 법한 위인들의 이야기보다 수업시간 중간중간 선생님이 잠 깨라고 들려주는 전설, 민담, 설화 등의 이야기를 좋아했다. 이런 이야기들은 어린아이들에게 풍부한 감정을 일으키기 때문에 관심이 갔던 것 아닐까. 이동도서관은 도서관에 대한 최초의 기억을 만들어준 곳이고 이 기억이 꽤나 괜찮았기 때문에 나는 이 누런색 기억을 떠올리면 마음이 노곤해진다.

물론 이 시절의 기억은 뚜렷하지도 명확하지도 않다. 엄마 손에 이끌려 이동도서관에서 처음 책을 빌린 나이가 초등학교 저학년 때라고 생각했는데 어머니 말씀을 들어보니 대여섯 살부터 데리고 다녔다고 하신다. 나는 내 생각보다 더 일찍 도서관 조기교육을 받은 사람이었다.

초등학교 5학년 때부터 공립독서실을 이용했다. 반에서 공부를 잘하던 친구를 따라서 간 것이 시작이었다. 명칭만 '독서'실일 뿐 책 한 권 없는 학습실이었지만 나에게는 많은 책을 읽게 해준 도서관이었다. 독서실에 갈 때면 항상 동아전과와 연습장, 그리고 읽을 소설을 챙겨 갔다. 두꺼운 전과 책은 교과서의 모든 비밀을 적어놓은 듯한 해설서였고 이를 연습장에 따라 적으며 공부를 했다. 독서실에는 교복을 입은 중·고등학생이 다수였던지라 초등학생이었던 친구와 나는 묘한 위압감을 느꼈지만, 제대로 공부한다는 성취감도 있었다. 그리고 공부가 지겨워지면 가져간 소설책을 뒤적거렸다. 당연하지만 공부가 지겹지 않은 날이 있을 리 없었고 거의 매일 소설책을 읽었다. 독서실에서 읽는 책은 어찌나 달콤한지. 다른 일을 하면서 놀면 괜히 마음이 불편한데 독서는 독서실에서 응당 해야 되는 일처럼 느껴지기도 한다. 그래서 독서는 마음의 면죄부가 되어 합법적으로 놀 수 있게 만들어줬다. 독서실에서 공부를 하다, 또 책을 읽다 보면 저녁이 됐고, 집으로 가는 어둑해진 거리의 느낌이 좋았다. 주로 자전거를 타고 다녔는데 자전거로 가르는 밤공기에는 상쾌함과 뿌듯함이 교차했다.

그렇게 공립독서실을 이용하던 중, 독서실과 300미터도 떨어지지 않은 곳에 의정부정보도서관이라는 큰 공공도서관이 생겼다. 나의 첫 공공도서관이며, 집에서 부모님과 싸웠을 때 도피처가 되어준 곳이고, 소설가란 꿈을 키운 곳이며, 해마다 수많은 책을 나에게 빌려준 도서관이다.

정보도서관의 첫인상은 '엄청 크다'였다. 지하 1층, 지상 4층짜리 건물인데 3, 4층은 의회가 쓰고 있어 사실 외관에 비해서 장서가 많지는 않았다. 그러나 버스 한 대분의 책이 전부였던 나에게 그곳은 신대륙이나 마찬가지였다. 지하 1층에는 식당과 강당, 1층에는 어린이열람실과 학습실, 2층에는 성인열람실과 멀티미디어실이 있었다. 2층이 나의 주무대였지만 가끔 소란스런 분위기가 끌리면 어린이열람실에서 책을 읽기도 하고, 쉴 때는 지하에 갔다. 그때는 층별 구조를 보고 마치 던전을 돌아다니는 모험가가 된 것 같은 동화적 상상을 했을 수도 있다. 하지만 지금 생각하면 역시 사람은 거주 공간이 넓어야 만족도가 높아진다는 부동산 개념만 다시금 떠오른다.

이 도서관에선 정말 많은 책을 읽었다. 2층 열람실에 들어가면 가운데에 책을 읽을 수 있는 테이블이 있고 좌우로 책장이 나누어져 있었다. 좌측에는 총류, 철학, 종교, 사회과학, 자연과학, 기술과학책이, 우측에는 예술, 어학, 문학, 역사책이 있었다. 나는 주로 우측 책장에서 한국 소설, 외국 소설을 한 권씩 빌리고 좌측으로 가서 비문학 한 권을 빌리곤 했다. 한 번에 하나를 읽기보다 여러 분야의 책을 번갈아가며 읽는 건 어렸을 때부터 버릇이다. 문학책만 보면 머리가 너무 말랑해지는 기분이고 비문학을 보면 좀 딱딱해지는 기분이라 이 둘을 적절히 섞어 균형의 수호자가 되고자 했다.

나는 유독 '사람'에 대해서 궁금증이 많았다. 개인의 발달 요인과 행동의 이유를 설명하는 점에서 심리학이 좋았고, 둘 이상 사람이 모였을 때 어떤 작용이 일어나는지 설명하는 사회학이 좋았다.

종교에도 관심이 많았는데 종교를 믿기 위해서가 아니라 종교를 믿지 않기 위해서라는 점에서 증거를 수집하는 형사에 가까웠다. 원래 중학생 즈음에는 세상 모든 것에 반항하고 싶어 하는 기질이 있지 않나. 많은 조사를 한 나머지 스톡홀름 신드롬을 일으켜 종교에 귀의할 수도 있었을 텐데, 참 흥선대원군 같은 학생이었다.

장르소설도 많이 읽었고 인터넷 소설, 소위 '인소'라고 부르는 책들도 꽤 읽었다. 나는 한 번 읽은 책은 보통 다시 읽지 않는다. 그런데 인터넷 소설들은 서너 번씩 읽곤 했다. 많은 사람들이 인소를 가볍다 욕하지만 사람을 홀리는 매력만큼은 뛰어난 마약 같은 책들이다. 『비뢰도』와 『아린 이야기』를 보면서 판타지 세계로 떨어진 용사를 꿈꿨고, 『국화꽃 향기』, 『이라샤』를 읽으며 심장이 쿵쾅쿵쾅 떨렸다. 그때의 감정이 그리워서 그 책들을 다시 찾아보곤 했는데 지금은 대체 왜 이런 유치한 책을 보고 그런 감정이 들었었는지 이해할 수가 없다.

나는 유독 슬픈 짝사랑 이야기를 좋아했다. 그리고 연애를 책으로 배워서 그런가, 뒷장에 나올 내 첫사랑은 짝사랑으로 끝난다. 도서관에는 '음료를 흘리지 마세요' 등의 안내문이 있는데, 로맨스 소설 주변에는 '너무 아픈 사랑은 사랑이 아니었음을' 등의 안내문도 세워야 한다.

블루에 가까운 핑크,
'도서관 옆자리'

대학교 수업시간 때 도서관은 성격에 따라 크게 네 가지 종류로 나눈다고 배웠다. 공공도서관, 학교도서관, 대학도서관, 전문도서관이다. 초중고나 대학이나 같은 '학교'로 보일지도 모르지만 초중고에 있는 도서관과 대학도서관의 역할은 엄연히 다르다. 수업시간에 이에 대해 한 시간 정도는 설명을 들은 것 같은데 나의 경우에는 이 두 장소에 대한 추억이 확연히 다르다.

중학교에 입학하고 학교에 있는 시간이 길어지면서 자연스럽게 학교도서관도 자주 애용했다.

학교도서관의 가장 큰 특징은 사서 선생님이다. 다른 도서관도 사서가 근무하지만 학교도서관만큼 이용자와 사서의 거리가 가까운 도서관은 없다. 이곳의 사서는 이용자의 얼굴과 이름을 가장 많이 외우고 있으며 독서상담을 하기도 한다.

학교도서관에 추억이 있는 사람들은 대부분 독서를 좋아하는 사람들일 것이다. 나는 아침에 빨리 등교해서 9시 전까지 책의 반 이상을 읽고, 수업 휴식 시간마다 나머지를 읽은 뒤 점심시간에 도서관을 가서 책을 반납하고 새롭게 빌리는 것을 좋아했다. 그만큼 가볍고 빠르게 읽히는 소설을 즐겨 읽었다. 베르나르 베르베르, 기욤 뮈소, 온다 리쿠, 이사카 고타로, 오쿠다 히데오, 이정명, 김탁환, 김용 등등 장르소설과 역사소설을 즐겨 읽었다. 내가 다니던 중학교도서관은 다른 친구와 대출기록을 비교할 수가 있었다. 당시에 라이벌 의식을 느끼던 친구가 있었는데 지고 싶지 않아서 그 친구가 읽은 책을 따라 읽기도 했다. 그러고 보니 학교도서관에는 이런 경쟁심리를 이용한 독서 게시판이 존재했다. 이달의 다독 학생 이름과 권수는 대다수의 학생들은 관심 없는 '그들만의 리그'가 분명하다. 하지만 그 리그에 참여했던 내가 회상하기에 우수 다독자 명단은 꽤나 좋은 독서 자극제라고 생각한다.

살면서 책을 가장 많이 읽은 시기는 고등학교에 다닐 때다. 나는 기숙사가 있는 남자 고등학교를 다녔다. 학원도 다니지 않았고 그때는 스마트폰도 없던 시절이라 공부와 독서 외에 할 것이 많이 없었다. 나는 자습실에서 선생님 눈을 피해 책을 읽었다. 얼마나 책을 읽었던지 친구가 그러다 남양주에서 재수한다고 '남양쥬'(남양주+지우)라고 별명을 붙였을 정도다.(남양주에 기숙사형 재수학원이 많았다.)

고등학교도서관에는 국어 선생님이 계셨다. 지금 생각해보면 아마도 국어 선생님이 사서 선생님까지 겸직을 한 것이 아니었을까. 점차 나아지고 있지만 학교도서관에 담당 정규직 사서가 없는 일은 흔하다. 교과 선생님이 사서까지 겸직을 하기도 하는데 주로 사회나 국어 선생님이 많은 듯하다. 국어 선생님이셨던 아버지는 사서 자격증이 없으셨지만 퇴직 후 근무하셨던 사립고등학교 도서관에서 사서로 반년 더 근무를 하기도 하셨다.

사서 선생님이 없는 것은 슬프지만 국어 선생님이 계신 점은 나에게 행운이었다. 그 선생님에게 소설가라는 꿈에 대해서 상담을 자주 받았고 선생님의 추천으로 한국문학을 많이 읽게 됐다. 주로 문학상 수상집들이었는데 김영하, 박범신, 박현욱, 김려령, 은희경, 정한아 작가의 책을 좋아했고 '문학동네', '창비', '민음사'라면 쌍엄지를 들게 되었다.

비문학 중에는 예술과 철학에 관심이 많았다. 미술에 재능은 없었지만 미술사는 재미있었다. 미술사가 발전하는 방향이 당대 철학의 영향을 받는다는 점이 흥미로웠다. 문집 노트를 만들어서 미술사, 철학사를 요약해서 적어놨으며 잡지에서 명화들을 오려 붙이거나 인터넷에서 출력해서 붙이는 식으로 꾸미곤 했다. 그때는 그런 작업들이 너무 재미있었다. 그런데 원래 수능을 준비하는 고등학생에겐 공부 빼고 모든 것이 재미있다는 점을 알았어야 했다. 나는 이 점을 간과하고 대학에 입학해서 미술사와 철학을 연계한 교양수업을 수

강했다가 난해함만 느끼며 후회했었다. 무엇이든 해야 하는 일이 되면 싫어짐이 놀랍다.

글을 쓰면서 분석해보니 학교도서관은 공공도서관에 비해서 큐레이션 효과가 강하다. 일단 자주 가기 때문에 도서관 게시물에 노출 효과가 크다. 두 번째로 사서 선생님과 일대일로 대화하기도 쉽고 도서관 관리도 보통 교내 도서관 동아리가 담당한다. 도서관 직원이 한 다리 건너 아는 사람인 것이다. 마지막으로 이용자들 또한 생판 모르는 남이 아니라 같은 학교 친구들이다. 심리적 거리가 가장 가까운 도서관이라 상호작용이 쉽고 서로에게 영향력을 많이 끼친다.

내가 다니던 대학도서관은 시설면에서 너무나도 아름답고 훌륭한 곳이었다. 'SKY' 중에서 유일하게 문헌정보학과가 있는 학교가 연세대학교다. 그래서 대학도서관 중 최고는 연대도서관이라는 자부심이 있었다. 물론 객관적으로 생각했을 때 문헌정보학과와 도서관 시설 사이에 어떠한 인과관계도 존재하지 않는다. 그러나 가끔은 주관적인 착각을 하며 살아도 괜찮은 것 같다.

최고의 대학도서관을 다녔다고 자부심을 내세웠지만 사실 대학도서관에는 과제와 시험기간 말고는 딱히 추억이 없다. 도서 대출도 대학도서관보다 공공도서관을 더 많이 이용했다. 통학에 3시간 이상이 걸렸기 때문에 대학도서관에서 책을 빌린다는 건 자기 손으로 통학길을 수련길로 만드는 일이었다. 그런 건 중국 무협영화에서 주인공이 강해질 때나 하는 선택이다. 다수의 대학생들이 나와 비슷하게 도서관이라고 하면 과제와 시험기간의 기억이 전부일 것이다. 일부는 도서관하면 연애를 뺄 수 없겠다고 하는데 내 기억 속에선 빼도 되기 때문에 잠깐 눈물 좀 빼고 가겠다.

대학중앙도서관에 사람들이 방문할 때는 꾸미고 온다는 말이 있었다. 만남이 많이 이뤄지는 장소라서 그만큼 기대를 하고 온다는 뜻이다. 그런데 나는 이 말을 졸업하고 들었다. 도서관이 그런 핑크빛 장소였다니, 심지어 난 문헌정보학과였고 도서관도 자주 다녔었다. 오죽하면 도서관 동아리 부원이 아닌데도 동아리 부실에 입장권이 있었을 정도다. 그렇지만 나에게 도서관이란 회색

콘크리트 빛깔일 뿐이었다. 도서관을 검색하면 연관 키워드로 '도서관 쪽지'가 나온다. '저기…'로 시작해서 핸드폰 번호로 끝나는 쪽지만큼 설레는 것이 있을까. 미리 말하지만 난 몰라서 물어보는 것이다. 내가 도서관에서 쓴 쪽지라곤 책의 위치를 적은 청구기호일 뿐이며 받은 쪽지라곤 '에어컨 꺼주세요' 등의 민원 쪽지 정도다.

핑크빛은 아니지만 대학도서관과 관련된 기억 중 그나마 핑크빛에 가까운 기억 하나를 소환해 보자. 대학에 다닐 때 버스킹 동아리 활동을 했었다. 처음에는 기타를 치며 노래를 부르다가 작사와 작곡에 취미가 붙었고, 노래를 불러줄 보컬을 구해서 팀을 꾸렸다. 그때 팀명으로 '도서관 옆자리'라는 이름을 지었다. 이 이름은 문헌정보학과 학생 옆자리에 타과 학생이 보컬로 앉았기 때문도 아니었고, 훗날 도서관에 관련된 책의 한 단원을 쓰기 위해서 지은 것도 아니었다. 여기엔 첫사랑과 관련된 추억이 있다.

나는 첫사랑이 꽤나 늦은 편이었다. 전역하고 복학을 한 첫 수업에 실수로 누가 있는지도 모르고 맨 앞자리에 앉았다가 세 살 연상 누나 옆에 앉게 됐다. 그걸 계기로 친해지게 됐고 어느 순간 풍덩 사랑에 빠져버렸다. 첫사랑은 순수했지만 그만큼 어설펐다. 그분은 대학원을 목표로 공강 때마다 도서관에 갔고 나도 따라서 도서관을 다녔다. 고3 이후로 그렇게 도서관을 열심히 다닌 적이 없는 것 같다. 하지만 내 첫사랑은 곧 그분에게 남자친구가 생기며 짧은 짝사랑으로 끝났다.

후에 생각해보니 내 첫사랑은 도서관 옆자리가 전부였다. 나는 도서관 옆자리에 앉는 것만으로 세상 행복했는데, 결국 그 누나에게 난 그저 도서관 옆자리일 뿐이었을 것이다. '도서관 옆자리'라는 단어는 나에게 설렘과 슬픔을 동시에 주는 단어가 됐고 다양한 음악을 만들고 싶다는 내 방향과 비슷하단 생각에 지금까지 사용 중*이다. 이한없이 블루에 가까운 핑크가 내 유일한 대학도서관과 관련된 핑크빛 기억이다. 반복해서 말하지만 도서관 문학 서가엔 로맨스 소설을 주의해서

---

* 음원사이트에 '도서관 옆자리'를 검색하면 2개의 미니앨범을 볼 수 있다.

읽으라는 안내문을 만들어야 한다. 나는 800번대 서가에서 『브람스를 좋아하세요…』 같은 소설을 읽는 대신에 500번대 서가에서 『데이트 바이블』 같은 실용서를 읽었어야 했다.

분위기가 가라앉은 것 같으니 환기하는 차원에서 딴소리를 해보자. 졸업을 앞두고 특별한 기념식을 하고 싶었다. 교수님들은 퇴직하실 때 기념수(樹)를 심곤 하신다. 그렇다면 학생인 나는 기념화(花)를 심으면 괜찮지 않을까 하는 생각에 문과대 건물 앞에 씨앗 연필을 하나 심었고, 문과대 독서실 100번 자리에 편지를 두고 갔다. 편지를 쓴 사람은 오늘 졸업하는 학생이며 받게 되는 사람에게 행운을 빌어준다는 내용을 적었다. 행운의 편지도 시작은 이런 감성 충만(혹은 과잉)한 사람이 한 것 아닐까. 혹시 2016년도에 문과대 독서실에서 그 편지를 받은 사람이 있을지 궁금하다.

행운의 편지가 나온 김에 덧붙이자면 나는 도서관 책을 반납할 때 깜박하고 포스트잇을 끼워놓곤 한다. 포스트잇은 나에게 최고의 책갈피다. 간편하고 잃어버려도 괜찮다. 가끔은 이 포스트잇에 메시지를 적어두는 것으로 다음 사람들에게 인사를 건네면 어떨까 생각도 한다. 이거야말로 도서 기반 SNS가 아닐까, 라고 생각해봤는데, 다시 생각해보니 같은 사서들이 들으면 스트레스 받을 일이라고 할 것 같다. 사서들은 도서 반납 시 도서 상태를 확인하며 이런 부착물들을 제거한다. 도서 기반 SNS라니, 도서를 기반으로 (S)스트레스를 (N)늘리는 (S)신종 방법이겠다. 그래도 한 번쯤 하면 재미있을 것도 같아서 아쉽다. 이 글을 쓰고 있는 나도 사서라는 점에서 동족배반적인 발언이지만 사서들이 좀 깐깐하다. 그들이 깐깐할수록 도서관의 책들이 깔끔해지기 때문이다.

'다독 · 필사 · 창작'
군대에서 집중했던 시간

앞에서 도서관을 네 가지로 구분한다고 했는데 이에 속하지 않는 특수도서관도 있다. 이는 특수한 조건을 가진 이용자를 대상으로 한 도서관으로 장애인도서관, 병원도서관, 교도소도서관 등이다. 전문도서관과 비슷하다고 생각할 수 있으나 전문도서관은 특정 분야에 관한 전문적인 서비스가 주목적이다. 의사들에게 서비스를 제공하는 의학도서관(전문도서관)과 환자들이 입원해 있는 동안 이용하는 병원도서관(특수도서관)의 차이를 생각하면 쉽게 구분된다.

일반인들은 특수도서관과 크게 인연이 없지

만 대다수의 남자들은 특수도서관을 접하게 된다. 바로 군대에 있는 병영도서관이다. 남자들은 군대에 있을 때 책을 많이 읽는다는 옛날 말이 있다. 그렇다. 옛날 말이다. 남자밖에 없는 공간에 가둬두고 자유시간을 주면 할 것이 뭐가 있겠나. 운동도 하루 이틀이지 2년을 가둬두면 책을 읽게 된다. 그런데 시간이 흘러 군대도 많이 사회화가 되었다. 나는 2011년도에 입대를 해서 2013년도에 전역을 했는데, 군대에서 유선 TV도 봤고 사이버지식정보방이라 하여 인터넷이 되는 PC방도 있었다. 굳이 책이 아니더라도 시간을 보낼 방법이 꽤 많았다. 같은 부대에 있는 군인 10명 중에 7명이 운동을 시작했고, 3명이 기타를 배웠고, 1~2명 정도가 책을 읽었던 것 같다. 요즘은 핸드폰도 반입된다고 하니 이 비율은 더 적어지지 않았을까 싶다.

나는 취사병으로 입대를 했는데 아침 식사를 준비해야 해서 일찍 일어나는 대신 아침과 점심, 점심과 저녁 사이에 낮잠을 잘 수 있는 자유로운 시간이 있었다. 이 시간에 틈틈이 책을 읽었고, 저녁 일과 후에도 주로 책을 읽었으니 상대적으로 다른 군인들에 비해 책을 읽을 시간이 많았다. 병영도서관은 도서관이라기보다 책 창고에 가깝다. 관리하는 인력은 당연히 같은 군인이며, 대출반납 장부에 기록을 하거나 기록하는 시늉을 할 뿐이다. 도서 분류 또한 되어 있지 않았고 군대 도서임을 나타내는 도장 정도만 찍었다. 책 중에 군사학 등의 책이 많다는 것도 특징이다. 2년 동안 정확히 200권을 채워서 읽었는데 그 정도가 되니 포대 도서관에 읽을 만한 책이 없었다. 읽지 않은 책들은 대부분 군사 관련 책이었다. 사실 외부에서 책을 보내주면 대부분 다 반입이 된다. 검열 도장이 찍히긴 하지만 정치, 경제 서적 모두 다 받아 볼 수 있었다. 우리나라는 자유주의 국가임이 분명하다. 아니면 책에 큰 관심이 없거나.

병영도서관에 책이 많이 없다는 점은 문학청년에게 큰 불만이었다. 불만을 해소하기 위해 군대에 건의를 해서 장서량을 늘릴 수도 있었겠지만, 그러다가 군 생활의 불편함이 늘어날 것을 염려해 다른 방법을 강구했다. 그 결과 나는 좋은 책이 많이 없다면 한 책을 깊게 파면 되지 않을까라고 발상을 전환했고 독서 대신 필사에 도전했다. 그래서 김훈, 김영하, 박민규 세 분의 책을 빌려서 옮겨 적었다. 당시에 김훈 작가님 문체를 닮고 싶었고, 김영하 작가님을 좋아했으며, 박민규 작가님의 이야기 짓는 힘이 부러웠다. 병영도서관의 유일한 장점은 워낙 이용자가 적어서 사실상 소수의 개인 서재나 마찬가지라는 점이다. 도서관을 담당하는 병사가 뭐라고 하기 전까지 딱히 도서를 반납할 필요가 없어서 오랜 시간 책을 두고 필사를 하기에 좋았다.

필사와 더불어서 창작에도 많은 힘을 기울였다. 신춘문예와 각종 공모전에 출품했는데 기적적으로 등단이 되는 일은 없었다. 공군에서 여는 『천마문예』에 에세이를 내서 상을 타긴 했다. 나는 기름을 무서워하지 않고 요리를 하는 선임을 등장시켜 「전사의 뒷모습」이라는 제목을 붙였다. 분명히 기억하건대 난 에세이 부분에 글을 냈다. 그런데 선임을 너무 신격화시켰는지 소설 부분에서 상을 탔다. 인생은 정말 알 수 없는 일 투성이다.

병장을 달 때쯤, 공군 전역을 앞둔 말년 병장들을 여단 본부로 모으는 괴기한 풍습이 생겼다. 전역을 앞두고 사회화를 시켜준다는 등의 이유가 있었던 것으로 기억하는데 아마도 부대에 있으면 최고참으로 사고를 치니 한 군데 모아두고 관리하려는 게 아니었을까. 사정은 알 수 없으나 최고참들의 심기는 불편했다. 부대에 있으면 왕 노릇할 텐데 갑자기 낯선 곳에 보낸다니. 하지만 딱 하나, 자대보다 책이 많았던 것이 좋았다. 기껏해야 200명이 있던 조그마한 포대에서 5,000명 급의 여단으로 옮기니 도서관의 규모도 거대했다. 2주간 꽤 많은 책을 골라 읽었다.

전역 이후로 독서량이 많이 줄었다. 스무 살을 기점으로 전문 서적을 많이 읽게 되면서 권수가 적어진 것도 있고, 사회생활을 시작하면서 개인 시간이 줄어든 이유도 있다. 지금 생각하면 군 생활이 마지막으로 아무런 걱정 없이 책을 읽을 수 있던 시간이었다. 사회인이 된 후 2박 3일 예비군 동원훈련에 나갔을 때 어떤 분에게 인상적인 이야기를 들었다. 직장생활을 하다 보니 바쁘다는 이유로 아침도 자주 걸렀는데 3일간 규칙적인 생활과 여유로운 시간을 가지니 너무도 행복하다고 말이다. 군대에서 누리는 일과후 자유시간은 독서, 기타, 운동 등 다양한 활동으로 채울 수 있는 빈 공간이다. 무조건적인 다독은 권장하지 않지만 부대 있을 때만큼은 100권 읽기 정도로 챌린지를 해보면 어떨까 생각한다. 전역 이후로는 그만큼 시간이 없을 테니 말이다.

자동으로 ASMR이 깔리며 심장 박동이 안정

도서관의 매력이 무엇이길래 사람들이 이 장소를 찾는 걸까? 갑자기 생각을 하려니 막막하기에 업무적으로 접근을 해보겠다. 원래 쥐어짜낼 때는 창의적인 자아보다 업무적인 자아가 낫다. 도서관의 관리자인 사서의 입장에서 계획문서를 작성한다고 생각하고 장점들을 공문서처럼 적어봤다. 공문서는 대개 하얀 동그라미로 시작을 한다.

○ 도서관은 구민들에게 열린 공공시설로 남녀노소 누구나 쉽게 방문 가능하다
○ 공공도서관은 서울시에만 127개로 접근

성이 좋은 시설 중 하나이다.* 서울책이음 카드를 활용하면 한 개 카드로 서울시의 모든 공공도서관을 이용할 수 있다

○ 북카페, 구내식당, 영화관, 멀티미디어실 등의 다양한 부대시설이 있다

○ 문화강좌 및 저자강연 등 다양한 문화공연이 열리며 대부분 무료로 운영된다

끝.

도서관은 도처에 있다. 동네마다 공공도서관이 있고, 학교마다 학교도서관이 있고, 이동도서관은 집으로 찾아온다. 여름철이면 에어컨을 찾아, 심심할 땐 대출을 위해, 그도 아니면 영화를 보거나 문서 출력을 위해서 찾기도 한다. 그뿐인가. 영유아에게 무료로 책을 나눠주는 북스타트부터 가끔 책갈피, 에코백 등의 상품도 제공한다. 물품을 제공하는 행사는 선거법에 걸릴 수 있기 때문에 까다롭고 많진 않은데 그 대신 대부분의

---

* 작은도서관을 포함하면 1,081개다.

강연과 공연은 무료로 운영된다.

그렇다면 이제 사서가 아닌 이용자의 입장에서 들어보자. 앞의 글이 공문서에 적을 내용들이었다면 지금부터는 에세이에 적힐 내용이다. 이는 객관적이지 않으며 증명할 수 없지만 보다 진솔하다.

아마도 도서관을 찾는 이유는 도서관의 첫 기억이 매력적으로 각인되어 있기 때문이 아닐까. 도서관을 떠올리면 안정적이다. 그곳에선 책장 넘기는 소리만이 들리는 조용함과 책들이 풍기는 은은한 종이 향기, 그리고 읽을거리가 마련되어 있다. 어렸을 때 가는 장소 중 대부분은 목적을 가지고 방문하는 곳이 많을 것이다. 병원과 식당, 학원 같은 곳은 아프거나 배고프거나 누가 시켜야지만 간다. 그러나 도서관은 그냥 이유 없이 방문하곤 한다. 무료고 가깝고 괜히 다녀오면 부모님한테 칭찬도 듣는다. 그래서 도서관을 떠올리면 편안하다. 같은 도서관이라도 근무하는 도서관을 떠올리면 출근하기 싫단 생각이 들지만, 어렸을 때 다니던 정보도서관을 떠올리면 자동으로

ASMR이 깔리며 심장 박동이 안정된다.

여기서 사서 자아가 수줍게 손을 들어 이용자 자아를 위해 첨언을 하겠다고 한다. 도서관에 대한 논문들 중에 도서관을 이용한 사람들이 독서율이 높다는 조사*가 있다. 도서관에 많이 다닐수록 책을 많이 읽는다는 뭐 이런 뻔한 걸 조사하나 싶은데, 이는 어렸을 때부터 도서관을 다니게 해야 하는 가장 큰 이유다. 유년기와 청소년기에 도서관에서 긍정적인 경험을 겪게 하면 이 아이들은 성인이 되어서도 도서관을 좋아할 확률이 높다. 아이들 손을 붙잡고 도서관을 찾는 사람들 최고다.

---

* 이승채, 「성장시기별, 자료별 독서량 간의 상관관계에 대한 연구」, 『한국도서관정보학회지』 제38권 제2호, 2017.

장서와 장소, 그리고 사람

우리 주변에는 참, 숫자 3으로 구성된 것들이 많다. 힘의 3요소는 크기, 방향, 작용점이고 소설의 3요소는 주제, 구성, 문체다. 음악의 3요소는 리듬, 멜로디, 하모니라고 한다. 그렇다면 도서관에도 3요소가 있을까. 있다. 도서관의 3요소는 장서, 장소, 그리고 사서라고 한다. 마지막에 사서가 있다는 점에서 도서관 관계자가 만든 말이지 아닐까 생각했는데 역시나 일본 도서관협회장의 축사에서 나온 말이라고 한다.* 장서, 장소, 사서가 3

---

* 사서 관련으로 많은 정보를 담고 있는 블로그를 추천한다. "도

요소라는 말이 처음 나왔고, 이어서 이용자를 넣어 4요소라고도 하는데 나는 사서와 이용자를 묶어 장서, 장소, 사람으로 3요소를 표현하길 좋아한다. 이곳은 책이 참 많고, 그 책을 보관하기 위해 참 넓은 공간이 있고, 그 공간에 정말 많은 사람들이 오간다. 대학생 때 동네 도서관에서 알바를 했는데 그때 자주 봤던 사람들 중 기억에 남는 분들이 있다.

첫 번째 분은 담배녀다. 미모가 정말 대단한 분이었는데 이분이 담배를 피우러 나가면 열람실의 모든 흡연자들이 밖을 서성거렸다. 이분의 담배는 마치 하멜른의 피리와 같이 다수의 남자들을 이끌었고 곧 이분은 흡연자들이 담배 피우는 시간을 일정하게 만들었다. 사실 담배녀의 얼굴은 기억이 나지 않는데 누군가 '저 정도면 군대에서도 담배를 배우지 않은 남자가 담배를 배우겠네'라고 말한 표현은 지금도 강렬하게 기억에 남아 있다.

서관 3요소의 출전을 찾아서…", chjeon님 네이버 블로그 (https://blog.naver.com/chjeon/220123102489)

인생은 짧고 예술은 길다고 하지 않았나. 잘 쓴 문장의 아름다움은 물리적인 아름다움보다 오래 기억되고 있다.

두 번째 분은 멜빵 할아버지다. 매일 누구보다 일찍 오셔서 항상 학습실의 같은 자리에 앉아 한문을 쓰셨던 분이다. 도서관마다 매일 출근하는 할아버지들이 계신다. 이분들은 정말 직원처럼 매일 나오시며 본인 공부 외에는 일절 관심이 없다. 멜빵 할아버지의 공부하는 모습을 보다 보면 도인으로 느껴지곤 했다.

가장 기억에 남는 분은 마라토너다. 그는 멜빵 할아버지처럼 높은 출석률을 자랑했지만 출석 이후 행보는 멜빵 할아버지와는 정반대였다. 마라토너는 자기 자리에 있지를 못하고 정말 마라토너처럼 하루 종일 도서관을 돌아다녔다. 책을 꽂다 쉬려고 나오면 복도를 서성이는 마라토너를 목격했고, 밥을 먹으러 가도 마라토너를 목격했고, 화장실을 가도 목격했고, 서고에서 책을 옮기다가도 마라토너와 마주할 수 있었다. N년째 도서관에 다녔다는 알바생의 말에 따르면 마라토너 역시 N년째 도서관을 서성이고 있다고 했다. 같이 알바를 했던 사람들은 그를 장수생으로 추측했다. 그는 공부를 하러 왔다고 하기 민망할 정도로 정말 쉴 틈 없이 나와서 도서관을 서성거렸다. 아마도 그가 체대를 준비했다면, 올림픽에 나가 경보에서 메달을 따지 않았을까. 가끔 마라토너를 떠올리면 그가 어떤 길을 선택했을지 궁금하다. 그가 걸어간 길 끝에 보상이 있었을까, 혹은 그가 길을 걷는 과정에서 깨달음을 얻어 진정한 마라토너가 되었을지도 모른다.

도서관의 3요소로 속해 있는 사서들 또한 다양한 분들이 있다. 사서라고 하면 책을 많이 읽을 것이라고 생각한다. 책을 접할 기회가 많다 보니 다른 직업군에 비해서 평균 독서량은 높을 것이다. 하지만 책이 좋아서 사서가 되었지만 막상 일을 시작하니 책이 아니라 책표지만 본다는 말을 사서들끼리 자주 한다. 책을 구매하면서 신간 목록을 보고, 책 정리를 하면서 책등을 볼 뿐이지 독서를 하기 위해선 다른 직장인들처럼 퇴근 후 따로 시간을 내야 한다.

사서의 일은 행사, 수서, 열람으로 다양하다.

두 달 동안 안내데스크 근무를 한 뒤 한가해서 좋다며 자기도 사서가 되고 싶다고 말한 아르바이트 학생이 있었는데, 너무 적은 표본을 가지고 전체를 평가했다. 도서관마다 분위기가 다르고 또 맡은 업무에 따라서 일하는 방식도 천차만별이다. 나는 주로 행사만 맡아왔는데 새로운 사업 구상에 많은 시간을 쏟는 편이다. 전시회나 공연장을 가면 전시물 설치비용이나 공연자 섭외비용 등이 궁금해서 담당자를 찾아 문의를 남기기도 한다. 행사를 담당하는 사서들끼리 만나면 이벤트 업체 사람 같다는 말을 하곤 한다.

사서는 이직이 많은 편인데 비정규직이 많기 때문이라고 생각한다. 육아휴직대체, 야간연장,* 순회사서,** 전담사서,*** 무기계약 등 이렇게 많은

---

* 개관시간 연장을 위해 고용된 사서. 보통 1시 출근을 하여 10시 퇴근을 한다.

** 한 도서관에서 고정 근무를 하는 것이 아니라 여러 도서관을 돌며 근무하는 사서. 문화체육관광부의 '작은도서관 순회사서 지원사업'을 통해 자치구에 배치된다.

*** 해당 자치구의 작은도서관 전부를 총괄하는 사서. 서울도서관 지원사업이었으나 자치구로 담당이 넘어가면서 정규직이 될 가능성이 살짝 엿보인다. 그러나 너무 살짝이라는 사실이 가슴 아프다.

비정규직이 있다는 걸 도서관에 와서 알았다. 팔은 안으로 굽는다고 사서들은 따스한 사람이 많다고 느낀다. 손편지나 아기자기한 선물을 주고받을 때가 많고, 간식거리를 나눠주시는 분들도 많다. 이렇게 따스한 분들이 같이 오래 있지 못하고 근무 기간이 만료되어 떠날 때마다 안타깝다. 모쪼록 도서관에 정규직이 많아졌으면 좋겠다.

요즘은 코로나로 인해서 전 국민이 많이 지쳐 있다. 사서들 또한 마찬가지다. 드라이브 스루를 통해 대출 서비스를 시행하고 유튜브와 줌을 통해서 행사를 시도하고 있지만 이전 같은 보람을 느끼기 힘들다. 직접 기획한 저자강연에 온 청중들의 반응이 좋으면 뿌듯함이 느껴진다. 서포터즈를 이끌면서 대학생들과 같이 웃고 싶고, 글쓰기 수업에 참가한 수강생들이 덕분에 글이 늘고 있다고 말씀해주시면 또 감동을 받는다. 하루빨리 코로나가 진정되어 예전처럼 현장에서 소통하는 행사를 이끄는 날이 찾아왔으면 좋겠다. 도서관에서 사람들이 웃는 모습을, 모든 사람들이 웃는 그 날이 빨리 찾아오길 기도한다.

분실물계의 스테디셀러

도서관은 많은 사람이 오가는 공간이기에 시간이 지나며 그들이 남기는 흔적들도 쌓여간다. 내가 근무한 도서관들은 안내데스크 한쪽이나 창고에 분실물을 보관했다. 매달 마지막 날에 사진을 찍고 목록을 정리해서 게시판에 공지했다. 한 달 이상 지나면 폐기를 했는데 보통 1주 안에 찾아가지 않으면 영원히 찾아가지 않는다.

어린이열람실에 있으면 유아용 양말을 자주 본다. 양말을 볼 때면 우리 인류는 진화한 것이 맞다는 생각을 한다. 맨몸으로 정글을 날뛰던 선조의 피가 흐르는 우리들에게 양말이 얼마나 갑갑할까. 아이에서 어른으로 자란다는 건 이렇게 본능을 정장 속에 욱여넣는 법을 배우는 일이다. 어린 아이들은 장난감도 많이 잃어버린다. 도서관은 빈손으로 오기 심심한 장소라 장난감을 가지고 왔다가, 이 삭막한 장소를 가엽게 여겨 장난감을 기증하고 간 것이 아닐까 생각해본다.

우산은 어느 열람실에도 많은 분실물계의 스테디셀러다. 나는 우산을 칫솔 다음으로 많이 사는 소모품으로 생각하면서 산다. 도서관에 쌓이는 우산을 볼 때면 나와 같은 생각을 하는 사람들이 많다는 걸 알 수 있다. 기억력에 자신이 없다면 튼튼하고 멋진 우산 하나 대신 저렴한 비닐우산 여러 개를 사는 예측력이라도 있어야 한다. 우산 다음으로 유선이어폰이 그 뒤를 잇던 스테디셀러였는데 무선이어폰이 등장하면서 순위가 많이 떨어졌다. 그 대신 무선이어폰 한쪽이 분실물계의 다크호스로 신규 진입했다. 유선이어폰은 하나를 전부 다 잃어버리지만 무선이어폰은 한쪽을 잃어버려도 다른 한쪽으로 버틸 수 있다. 자유롭게 음악을 들을 수 있는 신기술인 줄만 알았는데 분실물 위험을 절반으로 줄이는 부차적인 효과도 있었다.

성인열람실에선 신분증과 카드를 자주 본다. 이 조용한 도서관에서 뭐 그리 자신의 신분을 증명할 일이 있고, 무슨 결제를 할 일이 있다고 지갑에서 꺼내는 것일까. 사서가 모르는 지하경제가 있는 것은 아닐까, 혼자 상상의 나래를 펼쳐본다. 서로 거래하는 품목을 도서 서가에 맞춰서 만나는 것이다. 식물을 거래한다면 400번대 서가 앞에서 만나는 식으로 말이다. 그러다 사서가 나타나면 급하게 몸을 피하느라 신분증을 분실한다는 설정인데, 고작 사서에게 들킬까 봐 신분증을 분실한다는 점에서 지하경제가 어떻게 유지되는지 의심스러운 허술한 설정의 상상이었다.

다른 도서관의 책, 혹은 본인 책을 도서관에 두고 오는 사람들도 많다. 나무는 숲에 숨기라고 책을 도서관에서 분실하시면 참 난감하다. 책의 출처가 같은 구립이나 시립으로 묶여 있으면 그나마 편하다. 이용자에게 전화를 드리고 책을 반납 처리한 뒤 상호대차 편으로 보내면 끝이다. 그런데 서울 도봉도서관의 책을 의정부도서관에 두고 가시면 일이 복잡해진다. 먼저 의정부도서관 사서가 도봉도서관에 전화를 해서 사정을 말한다. 도봉도서관 사서는 책 대출이력을 찾아서 그 책을 빌린 이용자에게 지금 책이 의정부도서관에 있다고 전한다. 그러면 이제 책을 분실한 이용자가 의정부에 들러서 책을 받은 후 도봉으로 반납을 하러 가야 한다. 인접한 자치구의 도서관을 모두 이용하는 사람들이 많기에 이런 일은 은근히 자주 발생한다.

'아, 사서가 하는 일에는 수작업이 많구나'

도서관을 좋아하는 사람들 중에는 이 장소가 가지고 있는 아날로그 감성을 좋아하는 사람들이 많다. 아날로그를 찾는 사람들에게 이 도시가 스팸메일만 쌓여 있는 회사 메일함이라면 도서관은 옆자리 동료가 준 손편지 같을 것이다. 이런 분들은 책을 읽는 태블릿PC에 넘기는 디스플레이 효과를 추가하고 책 향수를 뿌린다. 어느 정도 연차가 쌓인 사서들은 인테리어에도 신경을 많이 쓰는데 많은 분들이 원목이 드러난 가구를 선택한다. 도서관에는 책장 넘기는 소리와 책 향기를 좋아하는 사람들이 많고 이들이 나무 가구를 좋아하기 때문이다.

그렇지만 도서관만큼 아날로그에서 디지털로 교체가 빠르게 이루어지고 있는 공간이 또 없다. 우선 회원증부터 살펴보자. 도서관에 가입을 하면 회원증을 준다. 가입비가 있냐는 질문을 가끔 받곤 하는데 공립도서관의 대부분 서비스는 무료다. 문화강좌나 3D 프린터 이용 정도만 요금을 받곤 한다. 참고로 서울시에 있는 도서관들은 대부분 서울시에 거주하거나 서울에 직장이 있으면 가입이 가능하며 타 자치구 도서관 또한 이용 가능하다. 인접한 3개 자치구의 도서관을 모두 이용하시는 분도 봤다.

다시 회원증 이야기로 돌아와서 도서관에 가입하면 회원카드를 준다. 보통 발급은 무료, 재발급의 경우 천 원 정도 수수료를 받았다. 그런데 요즘은 서울시 앱 카드로 회원증 발급을 받는다. 앱카드는 서울시에 있는 모든 도서관하고 연동이 가능하기 때문에 훨씬 더 범용성이 좋다. 그렇지만 플라스틱 카드가 없어지는 것이 가끔 아쉽다. 교통카드도 없었던 어린 나에게 도서관 카드는 유일한 카드였다. 가족 카드까지 3~4장을 가지고 다니면 마음이 든든했던 기억도 난다. 도서관에 갔는데 읽고 싶은 책을 5권 발견했다고 생각해 보자. 카드 한 장당 대출 권수가 3권이라면 2권의 책을 포기해야 한다. 그러나 가족 카드*가 풍족하면 이런 걱정을 하지 않아도 됐다. 도서관을 통해 카드가 주는 풍족함을 미리 경험할 수 있었다.

카드를 만들고 나면 책을 빌릴 수 있다. 서가 속을 누비며 책들을 살펴보자. 책들 뒷장마다 다 RFID 스티커**가 부착되어 있다. 보통 도서관 대출 규정 등이 적힌 은닉스티커가 그 위에 붙어 있어서 모르지만 그 안에는 개당 200원짜리*** 얇은 은색 칩이 있다. 예전에는 책장 앞에 바코드만 붙여서 대출을 하려면 한 권당 '삑-' 소리를 한 번씩 들어야 했다. 그러나 요즘은 책마다 RFID 스티커를

---

* 요즘은 가족 구성원을 하나의 카드로 묶어서 대리 대출이 가능한 경우가 많다.

** radio frequency identification의 약자. 책의 정보를 저장하는 태그. 가로, 세로 3cm 정도의 스티커 형태로 되어있다. 여기에 저장한 정보는 무선주파수를 통해 읽을 수 있다.

*** 이 가격은 계속해서 저렴해지고 있다.

부착해서 한 번에 대출이 가능하다. 삑 소리도 나지 않는다.

대학생들에게 농촌활동, 일명 농활이라는 봉사활동이 있다. 지역 농가와 학생회가 협약을 하여 대학생들이 바쁜 시기에 농촌으로 내려가 1주일 정도 어르신들의 일을 돕는 활동이다. 그런데 문헌정보학과 학생들에게는 농활 외에 '도활'도 있다. 농활과 마찬가지로 주로 지방에 있는 작은도서관과 협약을 맺어 1주일 정도 그 도서관 주변에서 숙박을 하며 도서관을 돕는 활동이다. 그리고 그때 주로 하는 일이 이 도서관 디지털 작업이다. 사실 이름은 디지털인데 하는 일은 아날로그다. 도서관에 있는 모든 책을 꺼내서 바코드나 RFID 스티커를 붙이고 책의 정보를 입력해주는 것이다. 머리보다 손이 바쁜 작업이다. 소장된 책을 한 3천 권 정도라고 생각하면 책 하나에 붙이는 스티커가 6~7개* 정도니 정말 1주일 내내 스티커만 붙이다가 갈 때도 있다. 도활을 하고 나면 '아,

---

* 바코드, 분류, 청구기호, 훼손방지스티커×2, RFID, 은닉방지스티커 등.

사서가 하는 일에는 수작업이 많구나.'를 깨닫게 된다. 고되긴 하지만 1주일 내내 같은 과 선후배들과 숙식을 하고 지내며 즐거움을 찾는 학생들도 많다. 이 학생들은 자신의 주량 내지 주사 또한 깨닫곤 한다. 이래저래 많은 깨달음을 주는 도활이다.

마음에 드는 책을 골랐으면 안내데스크로 향하자. 사서 선생님이 앉아 계신다. 하지만 많은 사람들이 사서를 지나치고 무인 대출반납기로 간다. 상호대차나 예약도서가 있지 않는 이상 굳이 안내데스크에 오려고 하지 않는다. 이건 도서관의 변화가 아니라 사람들의 변화가 아닐까 생각한다. 요즘의 젊은 사람들은 대면 소통을 꺼려서 배달 음식을 주문할 때도 전화 대신 앱 주문을 선호한다는 기사를 읽은 적이 있다. 우리나라는 코로나 이전부터 이렇게 비대면 사회를 준비해 K-방역의 기반을 닦아왔다.

비대면의 장점이 없어도 무인 대출반납기는 간편하다. 우선 24시간 운영되기 때문에 도서관이 문을 닫은 후에도 본인이 예약한 도서를 찾거나 반납이 가능하다. 최근에는 이용자가 정보를 입력하면 자동으로 책을 추천해주는 기기도 들어오고 있다.*

종이 카드에서 앱 카드로 변한 회원카드, 방문 대출에서 스마트 대출로 변한 도서관을 보면 기계가 인간을 고용시장에서 몰아낸다는 뉴스가 떠오른다. 도서관이라고 하면 책으로 가득한 디지털 시대에 마지막 남은 아날로그 장소라고 여기는 사람들이 많은데 이곳도 이미 디지털 세력이 점령한 지 오래다.

---

* 플라이북(https://www.flybook.kr/)

배산임수가 중요한 이유

도서관 회원증을 만들었고 대출도 해봤으니 도서관을 좀 둘러보자. 사람들이 도서관에서 가장 많이 이용하는 시설 중 하나는 학습실이다. 많은 사람들에게 공공도서관은 청운의 꿈을 불태우는 곳일 것이다. 시험 준비, 자격증 준비, 취업, 혹은 이직을 위한 준비기관. 그들에게 도서관은 자신의 노력을 증명하는 장소이다. 이렇게 표현하니 도서관이 멋있다. 학습실 표지판이 '노력의 증명관'으로 보인다.

그렇지만 요즘은 도서관에서 학습실을 없애고 있는 추세다. 학습실 위주의 도서관은 공부를 위해 조용한 장소만 제공하는 곳에 불과하다. 그에 반해 미래형 도서관은 책을 기반으로 다양한 체험이 가능한 복합문화공간을 지향한다. 사서의 업무 중에서도 나는 행사 위주로 일을 해왔던지라 도서관의 학습실 축소라는 방향에 누구보다 공감하고 긍정한다. 도서관은 단순하게 책을 보관하고 대출하는 장소가 아니라 책을 기반으로 다양한 활동을 할 수 있는 공간이라는 인식이 필요하다고 생각한다.

그러나 완전한 퇴출보다는 어디까지나 축소로 방향을 잡았으면 한다. 앞서 말한 대로 이름은 독서실이지만 독서를 하면 혼나는 이 희한한 장소가 있었기에 나는 많은 독서를 할 수 있었다. 아직도 많은 사람들이 도서관에 대해 독서실을 기대하고 있다. 나 역시 학습실에서 내 젊음을 많이 불태웠었다.

중고등학교 때 도서관은 친구들과 우연히 만나게 해주는 반가운 장소였다. 수능이 끝나면서 도서관에서 친구들을 만나는 일이 적어지다가 취업 준비를 할 나이가 되자 동네 도서관에서 친구들을 만나는 일이 다시 많아졌다. 도서관에서 친구를 우연히 만나면 로비에서 이야기를 나눈다. 그러다 너무 딴짓을 했다는 죄책감이 들 때면, 몇 시쯤 다시 만나자고 약속을 하고 서로의 자리에 돌아간다. 약속한 시간에 로비로 나와서 다시 이야기를 하다 보면 오늘은 너무 집중이 안 된다고 아예 공부를 접고 하루 종일 이야기꽃을 피우기도 했다. 동네 도서관에는 주변에 걷기 좋은 길들이 많았다. 앞에 있는 중랑천을 따라 하천길을 걷기도 했고, 뒤편에 있는 사패산을 타기도 했다. 우리 선조들은 터를 잡을 때 풍수를 중요하게 생각하였다는데 산을 등지고 하천을 마주하는 '배산임수'가 왜 중요한지는 도서관에서 확실히 깨달았다.

사람들은 취업 준비, 자격증 준비 등 다양한 목적을 가지고 도서관을 다닌다. 나는 주로 글을 쓰기 위해 도서관을 방문한다. 이때 학습실은 나에게 가장 중요한 작업공간이다. 그러고 보면 도서관은 글쓰기에 너무나도 최적의 공간이다. 우선 집중해서 글을 쓸 수 있는 학습실이 있고, 정리된 원고를 입력할 컴퓨터실도 있다. 배고프면 가는 구내식당은 저렴해서 부담이 적다. 거기다 심심하면 열람실에 들러서 책도 읽을 수 있다. 심지어 주변에 열중하는 사람들이 많아 나까지 집중이 되고, 이 모든 것이 무료다. 이보다 완벽한 글쓰기 공간이 있을까. 도서관은 직장이면서, 휴식 공간이면서, 공부 공간, 때로는 작업공간까지 되어준다. 아낌없이 주는 나무로 건축을 했다면 필히 도서관이 되었을 것이다.

도서관과 독서실은 다르다. 앞으로 도서관은 소극적으로 장소 제공을 하는 독서실의 역할에만 머무르지 않고 다양한 행사를 주도하는 적극적인 문화기관으로 바뀌어야 한다. 그러나 새 출발을 하더라도 이전의 추억을 부정할 까닭은 없다. 나의 청소년기에 도서관과 학습실은 어느 정도 이음동의어였다. 크롬과 익스플로러가 들어가는 문이 달라도 결국 인터넷으로 이끌 듯 도서관과 독서실 모두 나를 책으로 이끌었다. 독서실에서 만든 즐거웠던 추억은 그대로 간직할 것이며 학습실 한 칸 정도는 도서관에서 품고 가도 좋을 거라 생각한다.

'메이커스페이스'*로 변신, 책만 읽는 곳은 옛말

최근 5년 동안 도서관이 이전과 많이 달라졌다고 생각한다. 도서관은 책만 빌려주는 공간에서 벗어나 다양한 서비스를 시도 중이다. 옥상에서 텃밭을 기르기도 하고 공유주방이 있기도, 술을 빚는 곳이 있는 곳도 있다. 라키비움** 등 도서관을 서술하는 말도 다양해지고 있다.

참신한 서비스가 시도되는 가운데 최근 들어 늘고 있는 서비스가 '메이커스페이스'다. 2013년

---

* 다양한 창작활동을 지원할 수 있게 각종 장비를 공유하는 공간
** 라키비움(Larchiveum) : 도서관(Library), 기록관(Archives), 박물관(Museum)의 기능을 가진 복합문화공간

광진도서관 메이커스페이스가 국내 최초로 도입돼 점차 늘고 있는 추세다. 초기에는 3D프린터가 대표적이었는데 요즘은 레이저 커팅기, 재단기, 머그프레스, 우드버닝기 등 각종 만들기 장치나 웹툰용 태블릿, 유튜버를 위한 1인 미디어실 등 최신 트렌드를 반영한 시설들도 들어오고 있다. 공공도서관의 서비스는 대부분 무료로 운영이 되지만 메이커스페이스와 같은 시설은 워낙 고가의 장비가 많다 보니 시간당 3~5천 원 정도의 이용료를 받는다. 세금으로 운영되는 기관이면서 왜 돈을 받냐고 물으신다면 그래도 사설기관에 비하면 절반도 안 되는 저렴한 가격이라는 점을 변명하고 싶다. 회원카드 재발급 비용처럼 순수 관리차원에서 필요한 최소한의 비용일 뿐이지 이용료를 많이 받는다고 직원들에게 인센티브가 떨어지지도 않는다.

2021년에 생활습관이 꼬여서 새벽형 인간으로 반년 정도 살았다. 매일 새벽 4시에 눈이 저절로 떠져서 도서관에 일찍 출근을 했다. 도서관에 나와서는 주로 메이커스페이스를 이용했다. 3D

프린터는 버튼만 띡 누르면 완성품이 딱 하고 나올 줄 알았는데 출력물에 지지대를 떼고 색칠하는 등 해야 할 후작업이 많다. 포켓몬, 지브리 등 각종 애니메이션 모형을 만들려고 했었는데 토토로에 나오는 고양이 버스 하나를 만드는 데 이틀이 걸린 뒤로 열정이 반감되었다. 프린터라는 단어를 들으면 원래 아무런 고생 없이 결과물이 출력되어야 할 것 같지 않나. 혹시 3D프린터의 3D가 디멘션(Dimension)이 아니라 다른 3D(Difficult, Dangerous, Dirty)였나.

세상 만물을 창조하는 것처럼 보이던 3D펜 또한 내 손을 거치면 애매하게 창조가 된다는 걸 깨달았다. 고양이 조명등을 만들려고 했는데 원통형 조명등이 나왔다. 유튜브를 보면 원통을 만들다가 고양이가 되는데, 왜 나는 고양이를 만드는데 원통이 만들어질까. 원통에서 고양이, 고양이에서 원통, 두 문장을 구성하는 단어는 똑같다. 그런데 전자는 결과물을 침대 위에 두지만 후자는 쓰레기통에 넣는다. 고양이가 되고 싶었던 원통을 보면 세상일에는 순서가 중요하다는 걸 깨닫는다.

레이저 커팅기는 초반에 가장 관심이 갔는데 막상 사용해보니 활용법이 쉽게 떠오르지 않아 흥미가 식었다. 유튜브만 보면 이걸로 온갖 것을 다 만든다. 현판도 만들고 나무판을 조립해서 침대도 만들곤 한다. 그런데 레이저 커팅기를 그 정도까지 활용할 수 있다면 지금 이 글을 쓰는 대신 사업자 등록을 해서 장사를 해야 한다.

카메오 커팅기* 또한 마찬가지였다. 잘 활용하면 재미있을 것 같은데 이걸로 생일 토퍼 말고 무엇을 더 만들 수 있을까 도전거리가 생각나지 않았다. 중학교 때 십자수와 바느질로 테디베어 만들기를 했던 경험이 있어 공방 쪽에 관심이 많았는데 역시 좋아하는 건 취미로 남겨야 할 것 같다.

드로잉패드는 웹툰 그리기에 대한 수요가 높아지며 메이커스페이스에 들어왔다. 도서관에서 웹툰 그리기 수업을 수강한 학생들은 4컷의 웹툰을 그리기도 한다. 난 이것으로 카톡 이모티콘 만들기에 도전해보려고 했는데 나는 생각보다 더

---

* 종이나 천 등을 재단할 수 있는 기계, 토퍼 만들기가 가장 쉽고 대표적이다.

그림을 그리지 못했고 카톡 심사에서 4번 떨어졌다. 가끔 다른 사서 선생님들이 3D프린터를 사용하는 날 보면서 신기하다고 하는데 사실 성공한 것만 보아서 그렇다. 세상은 원래 원본으로 보면 거칠기에 꽤 괜찮게 다듬은 편집본들이 나오는 것이다.

요즘은 우드버닝기에 관심이 간다. 나무 판에 명암만으로 그림을 남기는 것이 재미있다. 지금은 호랑이를 그리면 이 고양이가 뭐냐고 물어보는 수준이지만 명암조절을 배워서 계속하면 나아지지 않을까. '조금만 기다리렴, 고양이야. 내가 언젠가 산군의 위엄을 담아줄게. 그때까지만 호랑이를 호랑이라 부르지 못함을 용서해주렴.'

가장 많이 사용한 건 1인 미디어실이다. 프리미어로 영상 편집하는 법을 배웠고 캠, 짐벌 등 1인 촬영 장비도 익혔다. 주말 동안 3D프린터로 캐릭터를 뽑고, 퇴근 후 집으로 가져가 아크릴 물감으로 색칠하는 걸 영상으로 찍어서 유튜브에 올리곤 했다. 그걸 본 친구가 대체 사서가 무엇을 하는 직업이냐고 물었다. 자꾸 새벽 4시에 깨는 바람에 메이커스페이스를 이용하고 있다고, 불면증 치료 일환으로 3D프린터와 영상편집을 하고 있다는 대답을 하지는 못하고 그저 열심히 사는 중이라고 답했다.

도서관은 정말 많이 변화했다. 지금의 모습으로 미래의 모습을 예측할 수가 없다. 도서관에서 3D프린터로 캐릭터를 뽑고, 그걸 색칠하는 모습을 영상으로 찍고 편집해 유튜브에 올린다니. 10년 전만 해도 상상하기 어려운 모습이라 생각한다. 그때 도서관에서 하는 최신의 서비스라고 한다면 영화 틀어주기* 정도였던 것 같다.

그런데 지금은 이곳에 각종 창작물을 만드는 공간이 생겼다. 비록 고양이 무드등은 만들지 못했지만 그 가능성을 보면서 내가 아닐 뿐이지 이용하는 사람에 따라서 이곳에는 무궁무진한 가능

---

* 도서관은 저작권법에서 꽤나 자유로운 기관이다. 공정이용이라고 하여 이윤창출 없이 공공을 위해서라는 조건이 붙으면 꽤나 많은 저작물을 이용할 수 있다. 영화의 경우 최신의 영화는 피해서, DVD를 구입하여 상영한다. 하지만 사람들이 인터넷으로 영화를 보면서 DVD 이용도 감소했고, 도서관 영화 상영 또한 갈수록 참석률이 저조해져서 요즘은 영화 서비스를 하는 도서관을 잘 찾아볼 수 없다.

성이 있다는 걸 느낀다. 내가 말 센스가 조금만 더 있었어도 유튜버의 시작점이 되었을 수도 있고, 그림 솜씨가 조금만 더 빼어났어도 이모티콘 작가의 출발점이 되었을 수도 있다. 그러니 이용자 동지들이여. 이곳에서 조용히 책만 읽지 말고 어떤 서비스가 있는지 알아보자. 도서관이 책만 읽는 곳이라니. 알면 알수록 씹고 뜯고 맛보고 즐길 거리가 많은 곳이다.

유튜브 채널을 개설하라!

코로나로 인해 도서관 업무가 힘들어진 2020년과 2021년, 행사를 맡은 사서들은 줌과 구르미 등의 화상채팅과 강제로 친해졌으며 '대유튜브 시대'가 열린 해이기도 했다. 실제로 많은 도서관들이 유튜브 채널을 개설했다. 사실 직원 입장에서는 당황스러울 수 있다. 전문 인력도 아니고, 아무런 교육도 없고, 당장 편성된 예산도 없고, 시키는 사람도 딱히 방향이 없는데 하라니까 해야 하는 일이다. 어제까지 자료실에서 책 정리나 하고 있었는데 갑자기 동영상 촬영과 편집이라니. 나 또한 그전까지 핸드폰에 유튜브 어플도 깔지 않은 사람이었는데 하루아침에 유튜브 채널을 개설해야 했다.

당황스럽지만 직장생활을 하다 보면 이런 일들이 비일비재하게 일어난다. 소비자는 빠르게 변화하고 서비스를 공급하는 입장에선 바뀐 시장에 적응을 해야만 살아남을 수 있다. 다행히 나는 새로운 기술을 배우는 데 마음의 진입장벽이 낮은 사람이기도 했고, 내심 유튜버에 대한 동경도 있었다. N잡을 꿈꾸는 MZ세대들에게 유튜버는 대세 N잡이다. 나는 영상 촬영을 위해 카메라를 구입하고 인터넷에 검색해서 프리미어 편집을 배웠다.

도서관 유튜브 채널은 정말 열심히 운영했다. 2020년 7월에 개설한 뒤로 1주일에 한 편씩 꾸준하게 영상을 올리는 것이 목표였고 1년 동안 80편이 넘는 영상을 촬영하고 업로드했다. 그리고 15개월 동안 구독자 400명, 누적 조회수 3만을 기록했다. 미미한 성과이긴 하지만 전국 44개 도서관 유튜브의 평균 구독자 수는 17명, 누적 조회수는 평균 1,118건이라고 하니[*] 도서관 유튜브 중에서는 가장 빠르게 성장한 채널이지 않을까 생각한다. 2021년 경기도사이버도서관 20주년 세미나에 초청되어서 도서관 유튜브에 대해서 강연을 맡았을 정도다.

하지만 이렇게 유튜브를 해보니 내심 가지고 있었던 유튜버의 꿈은 깔끔하게 포기가 되었다. 처음에는 촬영과 편집이 난관이라고 걱정을 했다. 그러나 의외로 촬영과 편집은 힘들긴 하지만 재미있고 할 만했다. 문제는 출연, 기획, 구성, 섭외 등 다양한 곳에서 벌어졌다.

버스킹, 뮤지컬 등 무대 경험이 있어서 어느 정도 진행에 자신이 있었다. 하지만 관객들의 얼굴을 마주보며 반응을 살필 수 있던 무대와 달리 유튜브 동영상은 카메라 앞에서 온전히 혼자서 모든 걸 끌고 가야 했고, 이 진행이 상당히 힘들었다. 머릿속에선 예능인인데 카메라 앞에만 서면

---

* 노지윤 • 노영희, 「도서관 유튜브 채널의 활성화 방안에 관한 연구」, 『정보관리학회지』, 2020.

다큐멘터리 청년이 되어버렸다. 바르게 자라왔고 바르게 사는 것이 자랑이긴 하지만 카메라 앞에서까지 이러면 노잼 아닌가. 그동안 도서관에서 일하면서 공공기관의 화신이 되어버렸다고 변명했는데, 집 나가서 도서관으로 도망가던 어린시절을 떠올려보니 어쩌면 이건 유전자에 박힌 노잼이라는 객관적인 의심이 든다.

게스트가 있으면 한결 나아지긴 했지만 매번 섭외비를 들여서 제작을 하기엔 예산은 한정되어 있었고, 같이 고정으로 출연을 할 직원도 없었다. 직원들보다 몇 달 동안 일하는 근로학생들이 출연에 더 쉽게 응해줬다. 나이 드신 분들은 유튜브를 잘 모르기 때문에 인터넷에 박제가 된다는 사실에만 부담을 느끼시는 듯했다. 하지만 젊은 사람들은 자신이 나와 봤자 많은 사람들이 보지 않는다는 걸 알기 때문에 큰 부담을 가지지 않는 것이 아닐까. 실제로 우리 도서관 유튜브의 평균 조회수는 200회 정도다.

시시각각 상황이 바뀌므로, 도서관 유튜브의 미미한 성공을 보면 앞으로 도서관이 유튜브를 계속해야 하는지와 관련하여 두 가지 의문이 든다. 우선 사람들이 과연 도서관 유튜브에 무엇을 기대하는가이다. 정유정, 장강명, 이슬아, 김겨울, 요조, 정여울, 은유, 고대영, 진동섭, 한승혜 총 10분의 작가님을 섭외하여 저자강연 영상을 꾸렸다. 섭외에만 한 달, 전문 팀과 계약하여 촬영과 편집에 또 한 달이 걸린 가장 큰 기획이었다. 올해 꾸린 행사 중에 가장 힘들기도 했던 만큼 조회수에 대한 기대도 컸다. 그러나 같은 시기에 올린 '도서관 직원들은 어떻게 입고 출근할까?' 영상의 조회수가 2배 이상 높게 나왔다. 영상으로 접근하는 사람들은 연령대가 낮기 때문에 단순히 호기심을 자극하는 편의 조회수가 높은 이런 결과가 나오지 않았을까 싶다. 도서관이 유튜브를 지속적으로 운영한다면 유튜브의 문법을 익힐 필요가 있다.

보통 다른 사업들은 타 자치구 사례를 참고해서 진행한다. 그런데 유튜브와 같은 신생사업은 참고할 선례도 없었다. 그렇다 보니 도서관 유튜브 대신 출판사 유튜브, 북튜버 등을 찾아보게 됐다. 요즘은 충주시, 과나, 티키틱, 왈도, 승우아빠

등 유명 유튜버들의 영상에 빠졌다. 도서관 유튜브는 음악이나 요리, 마케팅 채널과 상관없어 보인다. 그러나 재미의 길을 추구하다 보면 결국 통하지 않을까 하는 생각에 요즘 핫한 영상들도 챙겨 보게 됐다. 인기 유튜버들의 영상들은 대부분 12분 내외로 짧다. 긴 영상은 사람들이 원하지 않기 때문이다. 틱톡, 인스타의 릴스, 유튜브의 숏츠 등 1분도 안 되는 짧은 영상을 각 플랫폼들의 메인 화면에 띄우는 시대다. 도서관이 양질의 강연을 준비하더라도 유튜브로 송출하기 위해선 그 형식을 유튜브에 맞춰 다듬어야 할 필요를 느낀다. 도서관 유튜브는 처음 하기 때문에 어려운 점도 많지만 처음 하기 때문에 그동안 도서관이 끌어들이지 못했던 새로운 집단을 이용자로 불러올 수도 있다고 생각한다. 어쩌면 도서관 유튜브가 그동안 상대적으로 소수집단이었던 젊은 사람들을 도서관으로 부르는 당근이 될 수도 있겠다.

두 번째는 도서관은 왜 유튜브를 운영해야 하는가에 대한 물음이다. 80편 정도의 영상을 만들면서 다양한 분야의 영상을 찍었다. 왜 도서관이

일 년 동안 같은 동네 사람들이 읽을 책을 추천하는지, 이 책은 어떻게 선정하는지 등 사업에 대한 이야기를 하기도 했고 도서관 종별 사서의 차이는 무엇인지 등 그동안 사업 뒤에 가려져 있던 사서의 이야기도 할 수 있었다. 직접적으로 코너를 이끌기도 했다. 한번은 북튜버 한 분과 '영화로 읽는 책'이란 제목으로 6회차 프로그램 하나를 같이 진행했다. 영화 〈트루먼쇼〉와 책 『그리스인 조르바』를 자유의지라는 주제로 묶은 후, 북튜버가 책 리뷰를 해주고, 내가 영화리뷰를 담당했다. 영화 리뷰 블로거를 하면서 한 번쯤 해보고 싶던 콘텐츠였고, 브런치에도 같은 제목으로 '영화&책' 리뷰를 올렸었기에 기획이 어렵지 않았다. 북튜버를 섭외하는 것이 힘들었는데 다행히 인연이 닿는 분이 있었다. '영화로 읽는 책'은 여러 가지로 기억에 남는다. 보통 다른 프로그램은 사서의 역할이 섭외에서 끝나는데 사서가 주도적으로 참여해서 운영까지 이끌었기에 재미있었다. 또한 북튜버 분과의 케미도 즐거웠다. 어쩌면 이렇게 모든 게 반대인지 덕분에 6회 영상 모두 토론하듯 재미있게 찍을 수 있었다. 1화를 찍을 땐 서로 어색했는데 마지막 화를 찍을 땐 촬영이 끝나는 것이 아쉬웠다.

그러나 많은 영상을 찍다 보니 어디까지가 도서관의 영역인가 싶은 부분들이 있었다. 예를 들어 도서관 시설 소개를 위해 메이커스페이스를 촬영하던 때였다. 메이커스페이스에는 3D프린터 등 사람들의 관심을 끌 만한 장비들이 많다고 판단하였고, 3D프린터, 3D펜을 이용하여 각종 만들기를 하는 영상, 근로장학생*들과 색칠 대결을 하는 영상 등을 만들었다. 촬영도 즐거웠고 반응도 나쁘지 않았다. 그러나 영상을 계속 찍다 보니 '과연 어디까지가 도서관의 영역인가'라는 질문이 떠올랐다. 도서관에 있는 3D프린터를 활용한 영상 한 두 개쯤은 괜찮지만 사람들이 많이 본다고 해서 계속해서 메이커스페이스 위주의 영상만 올리는 것은 주객이 전도된 상황이다.

앞서 말한 대로 유튜브를 하기 위해선 유튜브의 문법을 익힐 필요가 있고, 시청자가 무엇을 원

* 한국장학재단에서 선발된 대학생들로 방학기간 동안 업무 보조를 도와주곤 한다.

하는지 파악을 해야 한다. 그러나 유튜브를 왜 운영해야 하는지에 대한 고민도 끊임없이 던져야 한다. 도서관이 유튜브를 하는 이유는 코로나 시대에 대면으로 만나지 못하는 사람들에게 책의 의미를 비대면으로 전달하기 위해서다. 유튜브의 문법을 지키면서 책의 의미를 전달하기. 세상에 쉬운 일이 없다.

메타버스 도서관은 어떤 모습일까?

포스트코로나 시대에 도서관들이 줌이나 유튜브보다도 더 관심을 보인 한 신기술은 메타버스 도서관이다. 21년도에 도서관 이름을 단 포럼이나 발표회에서 메타버스가 빠지면 섭섭하게 느껴졌을 정도다. IT와 유행의 국가 한국에서 메타버스는 참을 수 없는 아이템이다.

국내에선 네이버가 인수한 제페토가 가장 대중적이다. 제페토에는 몇 가지 특징이 있다. 우선 아바타 꾸밈에 진심이다. 초등학생들도 뷰티 유튜버를 하는 대한민국에서 꾸밈은 꽤나 인기 있는 소재다. 제페토 이용자들은 자신의 아바타를 창조해 다른 사람들과 교류하고, 제페토 안에서 아바타의 의상을 만들어서 판매하기도 한다. 샤넬과 구찌 같은 명품 브랜드들이 제페토와 협업을 하여 자사의 브랜드 의상을 판매하기도 한다.

두 번째로 실제 세계를 그대로 옮겨오는 시도가 많이 보인다. 이는 코로나 때문에 대면 행사가 불가능해지면서 오프라인의 장소를 온라인에서 시연하려는 시도가 많았기 때문으로 보인다. 사이버 세상에 환상적인 새로운 세상을 창조하는 것이 아니라 특정 장소(예시: 대학교)를 사이버 세상에 옮긴 후 특정 행사(예시: 대학교 신입생 설명회)를 제페토에서 치르는 것이다.

국내 메타버스 도서관의 활용을 보면 이제 걸음마를 뗀 수준이다. 메타버스란 가상세계지만 실제세계처럼 사회, 경제, 문화 활동이 이뤄지는 가상세계를 뜻한다. 오버워치, 롤 같은 게임은 즐거움을 위한 문화 활동을, 페이스북이나 인스타그램 같은 SNS는 사회 활동을 한다. 반면 해외의 '로블록스'를 보자. 사람들은 로블록스를 통해 다른 사람과 교류를 하기도 하며, 로블록스를 이용해 자신만의 게임을 만들고, 그 게임을 판매하여 로블록스 내에서 유통되는 화폐를 얻기도 한다. 당연히 이 화폐는 현실의 돈과도 교환이 가능하다. 로블록스 유저들은 사이버세상에서 마치 제2의 인생을 사는 것처럼 사회, 문화, 경제 활동을 하고 있다. 국내 메타버스 도서관들은 대부분 실제 있는 장소만을 사이버 세상에 재현했을 뿐 그 안에서 여타의 활동을 하는 경우는 적다.

국내 공공도서관 중 가장 빠르게 메타버스 도서관을 만든 곳은 파주와 성북, 그리고 강북 도서관이다. 강북에서 메타버스 도서관을 만든 사서 선생님은 전국에서 연락을 받는다고 한다. 이 선생님의 가장 큰 고민은 메타버스를 통해서 어떠한 서비스를 만드느냐이다. 이분과 메타버스 도서관 공모전*을 준비하면서 아이디어를 나눠보았지만 별다른 소득을 얻지 못했다. 나름 젊은 사서로서 신선한 프로그램을 운영한다는 자부심이

---

* 도서관, 이 업계에도 다양한 공모전이 있다.

있는데 메타버스만 생각하면 갑갑하다. 그래도 나는 이렇게 책의 소재거리라도 얻었으니 절반은 성공한 것 아닐까. 나머지 절반의 성공을 위해서 메타버스 도서관 안에 어떤 서비스를 채울 것인지가 관건이다.

메타버스 도서관 내에서 이용자 교육을 하고, 도서관 대출반납 데이터를 연동시켜 자동으로 가상의 서재를 보여주고, 서로 다른 사람의 서재를 보고, 그 서재 데이터를 기반으로 책을 추천해주고, 독서 성향을 기반으로 비슷한 사람들에게 책 모임을 추천하는 등의 서비스가 열리지 않을까. 앞으로의 메타버스 도서관은 어떤 모습일지 기대가 된다.

독서진흥을 위한 다양한 행사

도서관에는 엄마 손에 이끌려 온 아이들, 그리고 어르신들이 많다. 도서관 운영시간이 평일임을 생각하면 당연한 일이지만 아쉬움이 많다. 내가 맡았던 행사를 떠올려보면 다수가 어린이와 주부를 대상으로 하고 있으며 상대적으로 젊은 청년층이 즐길 행사는 적은 편이다. 이용자가 한정적인 만큼이나 홍보도 제한되어 있다. 주로 포스터, 홈페이지, 도서관 SNS, 지역 맘카페로 홍보를 한다. 구독하고 있는 집단 외에 있는 바깥 사람들에게는 노출이 적은 플랫폼들이다. 그래서 도서 대출 외의 다양한 도서관 서비스가 잘 알려지지 않고 있다. 이 책을 읽고 메이커스페이스를 처음 알게 된 사람도 있을 것이다.

이런 가운데 대학생들이 도서관에 참여할 수 있는 행사가 있다. 그것은 바로 서포터즈다. 도서관 서포터즈라는 단어가 생소할 수 있다. 이는 도서관 홍보나 축제 같은 큰 행사의 스태프 운영 등을 주로 하며 전공 상관없이 대학생, 혹은 일반인들도 신청받곤 한다. 나는 대학교를 다니며 책 관련 서포터즈를 네 번 하였다. 처음엔 취업을 위한 스펙을 얻기 위해서 서울국제도서전 서포터즈를 했는데 생각보다 꽤 재미있어서 다음 해에도 신청을 했고, 서울도서관 책축제 서포터즈에도 2년간 참여했다.

서울국제도서전의 주 활동은 온라인 홍보였다. SNS 활동이 필수였고 도서관 서포터즈를 위해서 블로그를 운영했다. 한 달에 한 건 정도 서울국제도서전에서 주는 키워드에 맞춰서 포스팅을 했는데 내 홍보가 많은 도움이 되었는지는 모르겠으나 나 자신에게는 꽤 도움이 되었다. 서포터즈로 시작한 블로그에 영화평을 꾸준하게 남기다 보니 파워블로거가 되어서 지금까지 4백 건 가까운 협찬을 받고 있다. 세상일은 어떻게 풀릴지 정말 알 수 없다.

서울도서관 서포터즈 도돌이는 오프라인 활동이 주였다. 지금은 서울지식이음축제포럼으로 바뀐 서울책축제를 홍보하고, 또 축제 당일에 한 가지 프로그램을 운영하기도 했다. 3개월가량 팀원들과 아이디어를 내고 준비를 하다 보니 다양한 사람들과 교류할 수 있다는 장점이 있었다. 다른 학교 문헌정보학과 학생들에게 새로운 소식을 듣기도 하고, 항공운항과, 스페인어학과 등 독특한 타과생도 만날 수 있었다. 이들과 함께한 1년이 꽤나 유쾌했기 때문에 서포터즈에 대해서 긍정적이고 또 도서관에 대한 관심도 높아졌다. 도서관이 조금 더 젊은 층에게 다양한 행사를 어필하면 이들이 자라서도 도서관을 자주 방문할 것이라고 생각한다.

도서관마다 행사는 비슷한 듯 다르다. 비슷한 이유는 강연, 강좌, 공연, 전시, 체험 등 행사 유형이 어느정도 완성되었기 때문이다. 각종 사례집을 통해서 좋은 행사들은 많이 공유되기도 했다.

도서관은 경쟁구도가 아니며 독서진흥이라는 공통의 목적이 있기 때문에 이러한 현상은 긍정적으로 보인다. 서울시의 경우 공모사업이 있다. 서울도서관, 문체부 등에서 공모사업을 25개 자치구에 전달하고, 각 자치구별로 운영하는데 아무래도 유사한 프로그램이 나올 수 있다.

비슷하지만 다른 이유는 담당자의 재량이 많이 들어가기 때문이다. 도서관에서 행사를 맡으면 일반 기업에 비해서 자유도가 매우 높은 업무를 경험할 수 있다. 새로운 행사 개발이 많고 담당자의 재량으로 기획, 운영, 지출, 결과보고까지 다 이루어지기 때문이다. 그래서 같은 자치구라도 도서관별로 행사가 다르고, 같은 도서관에서도 근무하는 선생님에 따라서 행사의 성격이 달라진다. 어떤 선생님은 어린이 책에 관심이 많아서 어린이 대상 프로그램을 촘촘하게 기획하고, 어떤 선생님은 취미가 공예라 재단 수업을 열기도 한다.

개인적으로 도서관 문화프로그램을 기획할 때 최대한 다방면의 주제를 다루려고 한다. 상반기에 클래식으로 알아보는 역사 강연을 다뤘다면 하반기에는 반려동물과 함께하는 공존의 삶을 다

룬다. 야간 별 관측을 진행하고, 수목원으로 견학을 가는 등 다양한 행사를 기획하는 이유는 최대한 다양한 연령대의 사람들을 도서관으로 끌고 오고 싶어서다. 도서관에 청소년들이, 그리고 성인들이 더 많이 찾아왔으면 좋겠다.

캐릭터 '강북이'와 주제가 '굳이가'

2021년, 한국관광공사는 '필 더 리듬 오브 코리아'라는 14편의 영상을 기획하여 유튜브에 올렸다. 그중 '범 내려온다'는 3억뷰 가까운 조회 수를 기록하며 엄청난 인기를 누렸으며 '기획한 사람이 누구냐', '공공기관이 올드하다는 편견을 깨주었다' 등 긍정적인 반응이 많았다. MZ세대의 사회 진출이 있어서인가 공공기관도 점점 더 젊어지고 있다는 생각이 든다. 이전에는 소극적으로 운영을 했던 관공서들이 보다 적극적으로 다양한 시도를 하고 있다. 도서관 또한 마찬가지다. 시대 변화에 맞춰서 이전보다 이용자들에게 더 친근하게 접근

해야 한다.

나는 도서관에서 주로 행사를 도맡아 했다. 행사 쪽은 정해진 업무가 있다기보다 주어진 예산 안에서 기획과 운영을 모두 맡으니 자유도가 높다. 젊은 사람들을 도서관에 부르고 싶고, 홍보도 이전보다 제대로 해보고 싶고, 도서관을 보다 친근하게 사람들에게 알릴 수 없을까 고민을 하다 캐릭터 기획을 했다. 시기적으로 코로나가 터지면서 인스타그램과 유튜브 채널을 개설하였고, 이 기회에 도서관을 상징적으로 알릴 캐릭터가 있으면 좋겠다는 필요성이 있었다. 또한 거리두기로 인해 대면행사가 막히면서 사업비에 여유도 있었다.

일하는 곳이 강북구이기 때문에 '강북이'라는 이름의 거북이 캐릭터를 구상했다. 바다에서 책이 읽고 싶어 육지로 올라왔고, 등껍질은 가방으로 사용하고, 이름은 읽을 강(講), 책 북(Book)이라고 붙였다. 이후 이 설정에 맞는 캐릭터 공모전을 열어 도서관 마스코트가 만들어질 수 있었다. 캐릭터가 생긴 후 다양한 활동을 했다. 스티커, 배지,

거울 등의 굿즈(상품)를 제작했고 인형탈을 만들어서 유튜브 영상을 찍기도 했다. 인형탈은 착용할수록 왜 인형탈 알바 시급이 비싼지 깨닫게 됐다. 처음에는 인형탈을 쓰고 한 시간 정도 길거리에서 홍보를 하자고 했는데 지금은 20분을 쓰면 다른 사람과 교체해야 한다는 걸 알고 있다. 이걸 기획부터 했으니 참고 썼지, 다른 사람이 기획을 했으면 인형탈을 쓰면서 욕했을 것 같다. 역시 결자해지가 가장 깔끔한 법이다.

캐릭터 모티브가 거북이이기 때문에 거북이 관련 설화를 많이 참고했다. 토끼와 거북이 이야기에서 강북이가 육지에 올라온 이유는 용왕님의 병을 치료할 의학서적을 찾기 위해서라는 설정을 추가했고, 가야시대 '구지가'를 패러디하여 '굳이가'라는 주제가도 만들었다. 다른 물고기들이 강북이에게 책을 굳이 왜 읽느냐고 했지만, 용왕님이 병이 났을 때 치료한 건 강북이라며 굳이 왜 하냐고 묻지 말고 무엇이든 열심히 하다 보면 필요로 하는 상황이 온다, 는 가사를 썼다. 사실 이 노래는 주변에서 왜 굳이 캐릭터를 만드냐고, 왜 굳이 주제가를 만드냐고 말했던 것이 시작이었다.

솔직히 일을 하다 보면 이걸 굳이 왜 하고 있나, 하는 생각이 들기도 한다. 어차피 공공기관이고 이걸 하지 않아도 뭐라고 하는 사람도 없는데, 선례가 없는 신생사업을, 그것도 이전에 도서관들이 안 하던 일들만 만드는 사람이라서 더욱 그렇다. 그렇지만 이전에 하지 않았던 시도를 해야 이전에 없던 결과가 나오는 법이다. 시작은 '자꾸 굳이 왜 하냐'고 묻는 사람들에게서 받는 스트레스 때문이었다. 그래서 가벼운 마음으로 작사, 작곡을 했다. 그런데 생각보다 반응이 좋아서 프로듀싱 업체를 섭외하여 정식으로 노래를 제작했고 유튜브로 발표도 했다. 처음으로 조회수 천 회가 넘은 영상이 되었고 구청과 협약해서 뮤직비디오도 촬영을 했다.

도서관에서 자체적으로 캐릭터를 만드는 것이 힘들다면 기존에 있던 캐릭터를 사용해도 좋다. 대표적인 예가 둘리뮤지엄 건물 안에 있는 둘리도서관의 둘리다. 둘리도서관에선 둘리와 관련된 상품을 제작하기도 하고, 둘리 인형탈을 이용하여 연극을 꾸리기도 한다. 대학도서관은 대학교 캐릭터가 있는 경우가 많기 때문에 공공도서관 보다 활용 사례가 많다. 성신여대 수룡이는 여의주를 얻은 용이라는 모티브이고, 한성대학교의 상상부기는 상상관이라는 건물 공사 중 발견된 알에서 나온 거북이가 모티브다. 개인적으로 상상부기가 강북이와 같은 거북이였기 때문에 한성대학교 도서관 측과 콜라보 영상을 찍고 싶었는데 아쉽게 불발이 되었다.

캐릭터를 만들어서 운영해보니 효과는 생각보다 컸다. 대부분 도서관과 사업 방향이 맞지 않아 거절을 했지만 다양한 단체에서 사용 요청도 들어왔다. 지금은 강북구 명예홍보대사를 목표로 다양한 사업을 기획 중이다. 80%에 가까운 어린이 이용자들은 캐릭터가 도서관 홍보에 도움이 될 것이라 생각*한다는 것을 보면 앞으로 공공도서관에서 캐릭터의 활용도는 더욱 커질 것이라 본다.

---

* 김소진, 「어린이 도서관 홍보를 위한 캐릭터 활용에 관한 연구」, 전남대학교 대학원 석사학위논문, 2006.

저자 섭외와 강연료의 함수관계*

처음 도서관에 입사했을 때 가장 기획하고 싶었던 일 중 하나는 저자강연이었다. 저자강연은 도서관 행사 중 가장 기본으로 작가와 독자를 만나게 도와준다. 서로에게 호감이 있지만 접점이 없던 개인과 집단을 연결한다는 점에서 저자강연을 운영하는 사서는 '사랑의 큐피드' 같다. 저자강연은 도서관에 많은 사람을 모으는 탁월한 홍보 방법이며, 혼자 읽기를 작가와의 소통으로 확장시

---

* 본 단원은 국립중앙도서관 월간지 2021년 9월호에 기고한 「사서의 숙면을 위하여」를 각색하여 작성하였다.

키는 역할을 하기도 한다.

저자강연은 기획과 섭외가 가장 난관이다. 우선 무슨 주제로 어떤 작가를 부를지 결정해야 한다. 올해 책축제를 준비하면서 열 분의 작가 섭외를 했다. 코로나라 야외에서 하는 취미 활동은 어려워졌지만 대신 요리, 기타연주 등 집에서 혼자 하는 활동은 더 집중할 수 있으며 독서도 그중 하나다. 그러니 '올해를 책의 의미를 다시금 살펴보는 한 해로 만들자'가 기본 생각이었다. 그래서 대주제를 '다시, 책'으로 정하였고 그 아래에 읽기와 쓰기를 소주제로 잡았다.

물론 세상일은 계획대로 되지 않는다. 원래 생각했던 작가가 섭외되지 않으면서 새로운 작가를 찾고 그에 맞춰 소주제를 변경하는 일이 다섯 번 반복됐고 2주 동안 서른 분 정도의 작가들과 연락을 주고받았다. 원래는 U작가와 K작가를 섭외해서 '유튜브 시대에 책의 의미'를, H작가와 J작가를 통해 '읽기와 쓰기'에 대해서 말하고 싶었다. 그런데 U작가와 J작가가 섭외가 되지 않으면서 K작가와 H작가는 '읽기와 책'을, E작가와 D작가는 '쓰기와 책'이라는 주제로 수정을 하는 식이었다.

작가가 섭외되지 않는 이유는 다양하다. 강연 날에 다른 지역에 머무르거나, 새로운 책을 쓰느라 바쁘거나, 기획한 주제가 맞지 않아서 등등. 담당자가 예측할 수 없는 이유로 섭외가 틀어진다. 코로나라는 특수 상황이 생긴 이후로는 촬영이라는 형식이 부담스러워서 거절하는 작가도 있다. 녹화로 인해 자신의 강연이 박제되는 것을 꺼리는 경우 강연을 비공개로 제한된 인원에게만 올리거나 일정 기간 게시 후 삭제를 한다. 그러나 청중과의 호흡 없이 카메라 앞에서 혼자 이야기를 해야 하는 녹화 방식 자체를 꺼리는 분도 있다.

저자 섭외는 보통 출판사에 연락해서 작가의 메일주소를 받은 뒤 연락을 주고받는다. 연락처를 구하지 못하여 작가에게 메시지를 보내려고 페이스북과 인스타그램에 가입해서 SNS로 소통을 시도한 적도 있다. 요즘은 대부분 출판사 선에서 해결된다. 문학청년에게 사서라는 직업은 덕업일치의 삶을 선물하니 사실 최애 작가와의 대화는 업무라고 하기에 너무도 달콤하다.

반면 소속사에 등록된 작가의 경우 이런 즐거움이 없다. 고등학생 때 팬이 된 K작가를 섭외할 땐 짝사랑하는 사람에게 편지를 보내듯 어떤 문장으로 메일을 시작할지 밤새 고민을 했다. 그러나 괜한 고민이었다. K작가는 매니저를 통해서만 연락을 주고받았다. 그동안 팬심이 일의 원동력이 되었던지라 다소 맥이 빠지고 슬펐던 기억이 난다.

4년 전만 해도 소속사에 등록을 한 작가가 흔치 않았는데 요즘은 이런 작가들을 많이 본다. 강사단체, 연예인 소속사, 웹툰 매니지먼트 소속 작가도 있고, 작가들끼리 따로 단체를 만들기도 한다. 이렇게 중간업체가 있는 경우 강연료가 비싼 편이다. 소속사가 있다는 것 자체가 강연을 많이 하는 인기 작가란 뜻이다. 게다가 중간업체가 생기며 수수료도 발생하니 높은 가격이 당연하다. 일반적으로 이런 작가들은 다른 작가들에 비해서 강연료가 2~4배 이상 된다.

유명작가를 모실 경우 작가와 연락이 닿기도 전에 소속사에서 강사료만 듣고 거절을 한다. 이 경우 강사료를 올려서 다시 제안을 하지 않는 한 섭외가 진행되지 않는다. 그렇다면 담당자에게는 이제 소속사와 관장 사이를 오가며 금액을 맞추는 일이 시작된다. 소속사에는 공공도서관의 공익적인 성격을 강조하며 중간중간 예산의 겸손함 또한 귀띔하는 걸 잊지 말아야 한다. 그리고 관장에게는 왜 다른 분이 아니라 이 작가를 섭외해야 하는지를 설명하기 위해 문학적 성과, 대중의 수요 등을 나열한다. 이번에 O, L, B 작가 세 분은 관장과 소속사를 오가며 세 번의 강연료 조정이 있었다.

덕업일치의 삶을 살던 덕후로서는 서운함도 있지만, 저자강연을 관리하는 업체가 생기는 현상에 대해서는 긍정적으로 생각한다. 서울시 도서관 중에는 강사료 집행 시 서울시 인재개발원 기준을 참고하는 기관이 많다. 이 기준에 따르면 최고 지급수준이 한 시간에 40만 원*이다. 강연 같은 무형의 가치에 금액을 측정하기란 어렵지만 시장에

* 2020년 10월 1일 기준. 인재개발원 참조(https://hrd.seoul.go.kr/)

거래가 발생하면 자연스럽게 가격이 형성된다. 그동안의 경험으로 보면 일반적으로 20~50만 원 사이에서 강연 섭외가 이뤄진다. 그렇다면 이 수준을 다른 기관과 비교하면 어떨까? 그림책 작가분과 성인서 작가분에게 질문을 해봤다.

그림책 작가의 경우 전체 강연 중 2/3가 도서관에서 요청이 들어오고 도서관의 강연료 기준이 평균이라고 한다. 성인서의 경우 분야에 따라서 다른데 문학 작가들의 경우 도서관은 전체 강연의 1/3 정도를 차지하며 학교에서도 비슷하게 요청이 들어온다고 한다. 도서관의 강연료는 독서모임, 학교보다는 높지만, 공연기획 단체, 기업에 비해선 절반 정도밖에 되지 않는다고 한다. 자치구에 따라서는 저자강연에 20만 원 이상을 쓰기 꺼리는 곳도 있다. 그 경우 작가들은 도서관을 외면할 수밖에 없다. 이를 비판할 수 있을까. 출판시장은 갈수록 불황이고 작가들은 인세수입보다 강연수입이 더 높다고 한다.* 그들에게 강연수입은 부수입이 아닌 생계를 유지하는 주수입일 수도 있다.

---

* 장강명, 『책 한번 써봅시다』, 한겨레출판, 2020.

도서관은 세금으로 운영되는 만큼 엄격한 기준이 필요하다. 하지만 시장 가격을 따라가지 못하는 기준은 도서관을 인기 작가 섭외에 거친 기관으로 만든다. 저자강연을 유치하기가 불안하니, 그걸 지켜보는 사서는 초조할 수밖에 없지 않을까. 이는 도서관의 질적 악화가 될 수도 있다. 이미 시장이 활성화된 공연을 보면 지급 기준이 공연의 질을 정하는 것을 확실하게 알 수 있다. 공공기관에서 하는 무료 공연은 샌드아트, 버블쇼, 저글링 쇼 등이 많다. 기준이 50만 원에 맞춰져 있고, 다수의 업체들이 이에 맞춰 공연을 준비하기 때문이다. 팝페라, 아카펠라와 같이 다수의 인원이 나오거나 지참해야 하는 장비가 많은 공연은 일 년에 한두 번 정도밖에 열지 못한다. 이처럼 지급 기준은 공연형태의 모습을 재단하는 역할을 하기도 한다.

도서관이 인기 작가들을 섭외하기도 한다. 책축제, 개관행사와 같이 1년에 한 번 정도 있는 규모가 큰 행사를 운영할 때다. 이때는 150만 원에서 300만 원 정도에 작가를 섭외한다. 이처럼 도서관은 평소에는 20~40만 원 수준에서, 그러나 가끔 규정 외에 가격을 적용시키는 이상한 기관이다. 이 괴리감은 행사 담당 사서들에게 고민을 준다. 모쪼록 상급기관에서 현행에 맞는 더 융통성 있는 기준을 만들었으면 좋겠다.

절판된 책과 상호대차 서비스

도서관에서 운전면허는 우대자격증이라는 소리가 있다. 사서는 여초 집단이고 상대적으로 여성운전자는 남성보다 적다. 그런데 도서관에서 행사를 맡으면 은근히 운전이 필요할 때가 많다. 소식지를 돌리기도 하고 (그렇다, 이걸 수동으로 돌린다.) 포스터를 동네 곳곳에 붙이기도 한다. (이것도 직접 한다.) 그러니 면허가 우대자격증으로 여겨지기도 한다.

나는 좀 부딪혀봐야 직성이 풀리는 성격이다. 대학생 서포터즈 모집을 위해서 서울시에 있는 대학 중 모든 문헌정보과 사무실 전화번호를

엑셀로 정리한 다음 전화를 돌려선 학과 회장들에게 일일이 설명을 했었다. 한 번은 주변에 있는 학교도서관과 협력해서 사업을 벌이고 싶었다. 당시에는 운전을 하지 않았기에 자전거를 타고 이틀 동안 주변 학교도서관을 돌아다녔다. 같이 일하시는 분은 내가 면서기 같다면서 웃으셨다. 운전을 했더라면 이틀이 하루로 줄지 않았을까. 확실히 도서관에서 면허는 우대해줘야 하는 자격증이 맞다.

도서관에는 운전이 필수인 업무가 있다. 그것은 바로 상호대차다. 상호대차는 먼 도서관에 있는 책을 가까운 도서관에서 빌려 볼 수 있게 하는 서비스다. 『해리포터』처럼 도서관에는 잠깐 스치듯 들르고 바로바로 대출이 나가는 책은 정말 동네 곳곳에서 책을 신청해서 빌려 읽었다. 송산동의 책을 신곡동에서 빌리는 식으로 말이다. 이러한 상호대차 서비스는 도서 운송을 담당하는 직원분들이 계셔서 가능한 일이다.

도서관의 3요소 중 하나는 사람이라고 했는데

사람 없이 운영되는 도서관들이 있다. 요새 유행하는 무인 아이스크림 가게처럼 책과 셀프 대출반납기계만 있는 무인 도서관들이 늘고 있다. 이 무인 도서관들이 가능한 이유 또한 상호대차 직원들이 있기 때문이다.

무인 도서관의 시초는 지하철이나 산책로에 자유롭게 책을 가져가고 반납할 수 있게 설치한 조그만 도서함이다. 분실과 도난의 위험이 있지만 우리나라는 책도둑은 도둑이 아니라는 말이 있을 정도로 책이 소중한 선비의 나라 아닌가. 책의 분실이 있을지언정 도서함을 설치하여 거리를 오가는 사람들에게 책을 권했다.

요즘은 무인 대출반납기계 장비가 있어 이 역할을 대신한다. 강북구에는 전국 최초로 지하철에 무인 도서대출반납기를 설치했고 이를 U도서관이라고 불렀다. 집에서 인터넷으로 책을 신청하면 2~3일 이내로 신청한 역사 기기에 책이 투입되고 자동으로 문자가 간다. 문자를 받으면 3일 이내에 지하철역에 방문해서 기기에 회원증을 인식한 뒤 책을 받아 갈 수 있다. 집에서 책을 신청한 후 출퇴근길에 받아 갈 수 있기 때문에 U도서관의 인기는 높다. 특히나 코로나가 터진 이후로는 사용자가 이전보다 훨씬 더 급증하여 추가 설치 논의가 있었다. 하지만 이런 기기의 가격은 1억 원가량이기 때문에 갑자기 구매할 수는 없었고, 사물함을 이용하여 직원들이 기기 역할을 대신했다.

이러한 U도서관과 비슷하게 스마트도서관이 존재한다.* 스마트도서관은 도서 대출반납을 하는 자판기로 생각하면 편하다. U도서관처럼 신청을 받아서 책을 수령하는 것이 아니라 인기가 있는 책을 기기에 세팅하는 방식으로, 자판기처럼 이용자들이 바로 빌리고 반납할 수 있다. 언뜻 U도서관과 비슷해 보이지만 관리 차원에서 차이가 확연하다. U도서관을 운영하기 위해선 신청을 받은 책을 찾고 각 지하철로 뿌려야 한다. 반면 스마트도서관은 사람들이 자주 빌려 가는 책으로 세팅을 해두고 이 책들만 대출, 반납하기 때문에 사람이 관리할 필요가 없다. 분기에 한 번 정도 책

---

* U도서관, 스마트도서관은 강북구에서 사용하고 있는 명칭일 뿐, 기기의 정식 명칭은 아니다.

을 교체할 때만 직원이 나간다. 그만큼 둘의 도서 대출량은 다르다. U도서관은 기기당 하루에 100권씩 책이 대출되지만 스마트도서관은 하루에 10권 정도 나가는 수준이다.

사람들에게 상호대차는 참 편리한 서비스다. 나도 집에서 40분 거리에 있는 정보도서관에 가기 귀찮을 때 5분 거리에 있는 신곡1동 작은도서관에서 책을 신청하곤 했다. 그러나 상호대차 센터는 도서관의 작은 지옥이다. 각 열람실에서 찾은 책을 모은 뒤 이 책을 곳곳에 뿌려야 하는데 이곳에선 책이 사각형의 종이로 된 택배물일 뿐이다. 그리고 알바 중에 가장 힘든 알바가 운송이다. 대형마트에서나 볼 것 같은 노란색 박스가 있다. 책 이백 권은 더 들어가는 이 박스가 한 관에서만 매일 1~2개 분량이 나온다. 상호대차 직원들은 구립도서관과 작은도서관, 지하철을 오가며 매일 20군데가 넘는 장소를 오간다. 이들이 하루에 옮기는 책만 수백 권에 달한다. 하루에 수백 권 이상, 매일매일 책을 옮기는 일은 허리와 건강을 소비하는 일이다. 일이 워낙 험한데 계약직이 많고 자주 결원이 생겨 인원도 빈번하게 교체된다. 대학생 때 상호대차 센터에서 아르바이트를 했었는데 이곳에서 아르바이트를 하고 나서야 정말 필요한 일이 아닌 이상 상호대차를 잘 하지 않게 됐다.

물론 상호대차가 꼭 필요한 일들이 생긴다. 자신이 자주 가는 도서관에 없는 책은 신청을 해야 한다. 없는 것이 없고 못 구할 것이 없는 21세기인 것 같은데 은근히 절판된 책들이 많다. 필요하다면 과감하게 신청하시길. 단, 당신의 독서를 위해서 누군가가 허리를 열심히 쓰고 있다는 점을 알아주셨으면 좋겠다.

작은도서관의 작지 않은 역동성

앞에서 이야기한 상호대차의 장점이 하나 더 있다. 바로 작은도서관의 발견이다. 작은도서관은 말 그대로 '작은' 도서관이다. 도서관법을 찾아보면 건물 면적 33제곱미터 이상, 좌석 수 6석 이상, 자료 1,000권 이상의 도서관을 작은도서관이라고 한다.* 쉽게 구분하는 법은 동사무소나 교회에 붙어 있거나, 직원이 한두 명 정도면 보통 작은도서관이다.

---

* 작은도서관에 대해선 다음 홈페이지를 참조하면 된다. www.smalllibrary.org

공공도서관만 이용하던 사람들은 상호대차 서비스를 통해 작은도서관의 존재를 알게 되는 경우가 있다. 집 멀리 공공도서관을 다니다 집 근처 작은도서관으로 책을 신청하면서 자연스럽게 방문하는 것이다. 나 또한 상호대차를 통해 신곡1동 작은도서관에 처음 방문을 했다. 책이 많지 않았지만 집에서 3분 거리에 있는 이 공간이 정겨웠다. 무엇보다 특이했다. 일자형 방의 삼면에 책장이 있었고 한쪽엔 창문이 있었다. 창문 쪽에는 찰흙으로 만든 듯한 무언가가 있었는데, 명확한 사물이 떠오르지 않고 무언가로 연상이 된다는 점에서 아이들이 만든 것임이 분명했다. 가운데에는 책상이 있었는데 여기에선 웬 할아버지가 혼자 붓글씨를 쓰고 계셨다. 도서관이 원래 남녀노소가 모두 즐기는 공간이기는 하지만, 이 좁디좁은 공간에 남녀노소의 모든 요소가 있을 줄이야. 나중에 알고 보니 동사무소에서 문화강좌를 운영할 때 이곳을 사용했기에 이곳에서 붓글씨를 하셨던 것이다.

작은도서관은 따로 독립되어 있기도 하지만

동사무소나, 교회 등에 부록처럼 붙어 있는 도서관들이 많다. 그렇다 보니 상주직원 없이 자원봉사자로 운영되는 경우가 흔하다. 신곡1동 작은도서관도 마찬가지였기에 사서가 존재하지 않았고 20대 청년이었던 내가 누릴 수 있는 서비스는 전무했다. 그러나 놀랍게도 공공도서관 이용률이 줄어드는 것에 비해서 작은도서관의 이용률은 증가하고 있다. 공공도서관 한 관당 방문율 감소, 일인당 대출권수 감소 등 우울하기만 한 도서관 통계에서 한 줄기 빛과 같은 긍정적인 결과를 보여준다.* 증가 원인은 집과 가깝다는 장점 하나 때문이다.

작은도서관 이용의 증가 원인을 보면 아직도 많은 사람들이 도서관 서비스보다 장소와 장서에만 관심을 갖고 있다고 생각한다. 개인적으로 그래서 작은도서관이 항상 아쉽다. 이곳에서 다양한 행사를 통해 무형의 도서관 서비스를 이용자에게

* 코로나 이전 통계, 2020년과 2021년은 코로나로 인해 방문, 대출의 모든 수치가 감소하였다.

제공하면 어떨까? 작은도서관은 최전선에서 활발히 이용되는 도서관이다. 만약 작은도서관에 인력이 충분하다면 마을과 가까이에서 주민들과 같이 호흡하며 성장할 것이라 믿는다. 이러한 생각은 푸른별환경도서관을 다녀왔을 때 확신이 되었다.

푸른별환경도서관은 전국에서 가장 특이한 작은도서관이 아닐까 싶다. 서울시는 2017년부터 지역주민들이 주도적으로 지역 경제와 도시 경쟁력을 높일 수 있도록 소규모 사업을 지원하는 도시재생 뉴딜사업을 꾸렸다. 지금까지 80개가 넘는 마을에 지원을 하고 있는데 그중 하나로 선정된 '양지마을 주민공동체'에서 마을 사람들을 위한 공간이 필요하다고 생각하여 푸른별환경도서관을 마련하였다. 장서 3천 권 정도의 작은도서관으로 1층은 열람실, 2층은 메이커스페이스, 3층은 사무실 겸 연구실로 사용하고 있다. 양지마을 주민공동체에서는 이 도서관을 운영하기 위해 '공유인'을 협력 기관으로 선정하였다. 공유인은 환경을 위해 힘쓰는 비영리단체로 현재 이 공유인의 대표 두 분이 운영을 한다.

푸른별환경도서관은 운영기관이 주민공동체

이기 때문에 주민들의 요구가 즉각적으로 반영이 될 수 있다. 여름에는 도서관 마당에 아이들을 위한 미니 풀장을 설치하여 동네 아이들이 모이는 수영장이 되기도 하며, 마을 주민들과 회의를 하고 자원봉사자들의 재능기부를 받아 탄생석 비누 만들기 등 다양한 프로그램을 이끌기도 한다.

또한 운영주체가 비영리단체이기 때문에 단체가 지향하는 방향에 맞춰 주제가 뚜렷한 도서관으로 운영되고 있다. 푸른별환경도서관은 지속가능한 개발을 주제로 하여 그림책을 선정하고 아이들과 함께할 놀이도 자체적으로 기획한다. 아이들의 그림으로 로직아트를 만든다거나 아이들이 디자인한 쿠키 틀을 3D 프린터로 출력하여 쿠킹을 하는 식이다.

푸른별환경도서관에 사서는 없지만 나는 이곳이 그 어떤 도서관보다 도서관의 기능에 충실하고 있다고 생각한다. 도서관을 이끄는 두 분은 네덜란드로 직접 견학을 가서 메이커 프로그램이 어떻게 운영되고 있는지를 조사했다. 그리고 국내 도서관들의 메이커 스페이스는 장비를 갖추는 데에 초점을 맞추고 있는 반면 네덜란드 도서관들은 3D프린터는 한 대뿐이지만 그 기기를 통해 지역 주민들이 가지고 있는 문제를 어떻게 해결할 것인지에 초점을 맞춘다는 차이를 느꼈다. 그래서 푸른환경도서관은 연령대별로 스팀교육*을 제공하는 등 메이커 스페이스 공간을 마을주민들의 요구에 최대한 맞춰서 운영하고 있다. 덕분에 현수막 하나 붙이지 않았는데도 개관 1년 만에 마을 사람들로 붐비는 도서관이 되었다고 한다. 아쉽게도 코로나가 터지면서 잠시 쉬어 가고 있지만 이 도서관이 코로나 이후로 보여줄 활약이 궁금하다. 작은도서관의 작지 않은 움직임이 도서관에 큰 변화를 이끌어 올지도 모른다.

---

* STEAM. 과학(Science), 기술(Technology), 공학(Engineering), 인문예술(Arts), 수학(Mathmatics)의 앞글자를 딴 용어. 과학기술 분야인 STEM에 인문학적 소양인 A가 합쳐진 교육.

도서관이 다 똑같다고요?
아주 달라요!

도서관에 근무하는데 주말에 또 도서관으로 놀러 간다고 하면 친구들은 나를 정말 책에 미친 사람으로 쳐다본다. 그렇다면 카페에서 알바하면 주말에 카페 안 갈 거냐고 받아친다. 보통 한 사람이 이용하는 도서관은 1~2개 정도이지 않을까. 집 근처 작은도서관, 공부하러 가는 공립도서관. 그렇다 보니 사람들은 세상의 도서관은 전부 다 자신이 방문하는 도서관과 비슷할 거라고 생각을 한다. 도서관이 뭐 다 똑같지, 뭐가 달라! 그러나 일할 때 마시는 커피와 주말에 친구들과 즐기는 커피가 다르듯 도서관도 매력이 다 다르다.

서울에 있는 독특한 도서관을 검색하면 현대카드 더라이브러리가 나온다. 여행 전문으로 여행관련 서적만 있는 도서관이다. 방문 시 체험 가능한 여행 상담 서비스가 독특했다. 다만 일반인을 대상으로 하는 도서관이 아니기 때문에 공간에 꾸려진 콘텐츠가 다양하진 않다. 가까이에 사는 사람들이라면 방문을 추천하지만 굳이 찾아갈 정도는 아니라고 생각한다. 코엑스 별마당도서관도 검색 결과로 많이 나온다. 이곳은 참 예쁘지만 사서 입장에서는 이곳이 왜 도서관인지 알 수 없다. 대출 서비스가 이뤄지지 않고 책을 파는 곳은 도서관이 아니라 서점이다. 이곳이 도서관이라면 영풍문고는 왜 영풍도서관이 아닌가. 그러나 예쁜 포토존임에는 확실하다.

서울에 있는 공공도서관 중에 사서들에게 유명한 도서관들이 있다. 먼저 데이트하기에 좋은 예쁜 도서관이다. 종로에 있는 청운문학도서관은 한옥건물로, 정독도서관은 〈그 남자의 책 198쪽〉 등 다수의 영화 촬영장으로 유명하다. 성북, 광진은 행사를 열심히 하는 도서관으로 유명하다. 일을 기업처럼 빡빡하게 시킨다는 악명도 있지만 그만큼 배울 것이 많고 자기 뜻을 펼치기 좋다는 점에서 매력적이다. 마포구는 앞의 둘만큼 알려지지 않았는데 글을 쓰며 자료조사를 하다 보니 행사가 알차서 눈여겨보게 됐다. 사실 집이 의정부인지라 강 남쪽보다는 강 위쪽에 정보가 밝아서 강 위쪽 도서관만 언급되었을 수도 있다.

서울 밖으로 고개를 돌리면 출판도시 파주를 빼놓을 수 없다. 파주 도서관들이 하는 행사들을 보면 출판사와 연계가 잘 되어 있다는 생각이 든다. 사립 도서관 중에는 느티나무도서관이 유명하다. 사립이라서 공립보다 자유로운 점이 장점인데, 이 장점을 가장 잘 살려서 독특한 행사를 많이 시도하는 곳이다. 최근 '밤의 도서관'이라고 하여 정림학생건축상 수상작 전시를 주관한 것이 인상적이었다. 건축학도와 사서가 앞으로 도서관이 어떻게 변할지 이야기 나누는 모습을 보며 도서관의 미래를 그려볼 수 있었다.

특정 지역을 떠나서 도서관의 성격을 생각해보면, 앞으로는 주제전문도서관이 많아질 거라 생각한다. '도서관' 하면 세상 모든 지식을 다 구비해야 하는 사명감을 띠고 있는 장소처럼 느껴진다. 보통 도서관은 철학, 종교, 정치, 경제, 과학, 문학 등 모든 주제의 책을 갖고 있지 않나. 그러나 주제전문도서관은 한 가지 주제에 특화된 자료를 집중해서 가지고 있는 도서관이다. 특정 주제의 책만 보유하는 도서관은 어쩐지 편식을 하는 아이처럼 느껴지기도 한다. 한 가지 주제의 책만 보유하면 그 주제에 관심 없는 이용자들은 어쩌려고 그러는 걸까. 운영이 어렵지 않을까 걱정할 수 있는데 이게, 잘 된다.

한 예로 음악도서관을 보자. 내가 자란 의정부는 참 도서관 복이 많은 동네다. 정보도서관 외에도 천문대가 있으며 과학 책을 중점적으로 다루는 과학도서관이 있고, 어린이 책만 보유한 어린이 특화 도서관도 있다. 게다가 2020년에 미술도서관이 개관을 했고 이어서 2021년엔 음악도서관이 문을 열었다. 사람들이 의정부라고 하면 부대찌개만 아는데 살기 좋은 문화의 도시 의정부에는 도서관이 참 잘 되어 있다는 걸 강조하고 싶다.

음악도서관을 보면 왜 음악책만 많이 있냐, 다른 책들도 넣어달라,는 민원이 예상될 수 있다. 그러나 두 가지 요인이 있어 주제전문도서관이 문제없이 운영될 수 있다고 생각한다. 첫 번째로 상호대차가 잘 되어 있고 두 번째로 음악도서관 인근에 다른 도서관이 많다. 음악도서관에는 음악책만 있지만 다른 도서관 방문이 쉽고, 아니면 다른 도서관 책을 신청해서 음악도서관에서 받는 것도 가능하다.

일반적인 도서관이 더 범용성이 좋아 많은 사람들이 올 것 같지만 그렇지도 않다. 방문자 수가 계속해서 줄고 있는 요즘이고, 이미 서울시의 도서관은 동네에 충분히 많은 편이다. 반면 한 주제에 특화하여 운영을 했을 때 그 주제에 맞는 사람들을 끌어들일 수 있다. 이 도서관에 오는 이용자들은 도서관에서 제공하는 서비스에 충성도가 높아 열성 고객이 될 확률도 높다.

우리 어머니는 음악도서관을 거의 매일 다니신다. 농구장을 밀고 생긴 거라 내 입장에선 조금 아쉬운데 클래식을 좋아하시던 어머니는 대만족을 하신다. 음악도서관이 생기기 전에도 지역 도서관에는 음악책들이 있었다. 정보도서관의 장서는 18만 권 정도로 일만 권의 장서를 보유하고 있는 음악도서관보다 오히려 음악책이 더 많다. 하지만 음악도서관은 CD, 악보, LP 등의 비도서 천 점을 보유하고 있다. 음악을 들을 수 있고 정보도서관보다 최신의 음악책들을 빌릴 수 있어서 좋다고 하신다.

최근 20년 사이 국내 도서관 수는 많이 늘어났다. 이미 많은 도서관이 있기에 이제부터는 한 가지에 특화된 주제전문도서관들이 많아져도 문제가 없을 거라 생각한다. 솔직히 도서관이 너무 많아져서 그냥 도서관이라고 하면 사람들이 흥미를 가지지 않는다. 모든 걸 잘한다는 말은 어쩐지 특출나게 잘하는 것이 없다는 말처럼 들린다. 반면 현대문학에만 치중한 도서관이라고 하면 어쩐지 더 멋져 보인다. 경험상 멋져 보이면 수요가 늘고, 수요는 공급을 창출할 것이다. 주제전문도서관은 셀프 브랜딩 시대의 맞춤형 도서관이다.

다만 한 가지 아쉬운 점이 있다면 인력이다.

사서들끼리 가장 흔하게 하는 이야기다. 도서관만 전문적이지 그 안에 인력이 전문적이지 않으니 빛 좋은 개살구처럼 느껴진다. 이 부분에 대해서 개선이 필요할 텐데 나는 상주작가 제도가 이 부분의 대안이 될 수 있지 않을까 싶다. 상주작가 제도는 문화체육관광부와 한국문학관협회가 진행하는 사업으로 지역 문학관에 작가를 선정하여 1년 동안 상주하게 하는 제도다. 월 220만 원씩 지원이 나오기 때문에 작가들 사이에서 꽤 인기가 있다고 한다. 이 제도를 통해 작가들은 안정적인 수입과 작업공간을, 도서관은 전문성 있는 인력을 얻을 수 있지 않을까. 주제전문도서관이 조금 더 전문적으로 운영되었으면 좋겠다.

나를 도서관으로 끌어들인 두 권의 책

사람들마다 자신을 도서관으로 이끈 순간이 있을 것이다. 우연히 읽게 된 책이 너무 재미있었고, 이 책을 쓴 작가의 다른 책을 찾기 위해서 도서관을 찾았을 수도 있다. 부모님이 집에서는 읽지 못하게 하는 판타지 소설을 읽기 위해 도서관에 갔을 수도 있다. 도서관을 부모님 손에 이끌려 억지로 갔다면 슬프지만, 좋아하는 사람이 읽는 책이 궁금하다는 이유로 갔다면 낭만적이다. 혹은 책이 아닌 다른 계기가 있을 수도 있다.

나의 경우 도서관에 빠지게 된 계기는 두 권의

책이었다. 첫 번째 책은 『가출일기』*다. 이 책은 열 살 때 읽은 것으로 기억한다. 공부를 지겹도록 시키는 집에서 태어나 모범생으로 자라다 가출을 한 고등학생의 이야기인데 솔직히 이 책에 몰입한 이유를 이성적으로 설명할 수가 없다. 열 살 때는 딱히 공부에 열중하던 나이도 아니었는데 왜 그렇게 몰입했을까.

이 책의 내용은 흐릿하지만 책을 읽은 날의 기억은 뚜렷하다. 책을 읽던 중 전화가 왔는데 오늘 왜 컴퓨터 학원에 오지 않았냐고 선생님이 물었다. 그 순간 너무 놀랐다. 난 대학에 갈 때까지 정말 공부만 하던 범생이**였고 학원을 빠진다는 것은 나에게 상상할 수도 없는 일이었다. 그런데도 나는 학원 갈 시간을 잊을 정도로 완전한 몰입을 했었고 이것은 내 인생 최초의 몰입이었다.

두 번째 책은 열두 살 때 읽은 김자환 작가의 『난 너하고는 달라』다. 이 책은 직접적으로 나에게 작가의 꿈을 주입시킨 책이다. 김자환 작가의

---

* 김혜정, 문학수첩, 2005.

** 이런 내 범생이적 성향은 대학에 간 뒤로 옅어졌고 복학 후에는 출튀도 종종 했다는 말로 나의 범생이적 과거를 세탁해보고 싶다.

책은 선악의 구별, 기승전결, 캐릭터가 뚜렷하다. 그리고 주제가 너무 착하다. 성인이 읽으면 유치하다고 생각할 것 같은데 이 책의 목표 독자는 초등학생이다. 열두 살의 나는 이 책이 혼을 빼놓을 정도로 재미있었고 나도 이런 글을 써서 다른 사람들에게 즐거움을 주는 사람이 되고 싶었다. 그래서 작가님의 책을 찾아서 매주 도서관에 방문을 했다. 그리고 20년 뒤 이 꼬마는 사서 겸 작가가 되었고 친구들에게 돈 안 되는 것만 좋아한다는 말을 듣게 됐다.

처음 도서관으로 날 이끈 것은 책이지만 중학생 이후에도 날 꾸준히 도서관으로 이끈 건 공원이다. 자주 이용하던 정보도서관 바로 뒤편에는 직동수련원이라는 자연의 싱그러움을 담은 작은 공원이 붙어 있다. 시험기간이면 매일 도서관에 갔고, 공부하다 집중이 안 되면 직동수련원에 갔다. 그런데 공부를 하면서 집중이 안 되는 날이 없을 수가 없다. 간혹 그런 애들이 저기 관악구로 대학을 간다는 썰만 들어봤을 뿐이다. 평범한 학생이었던 나는 시험기간이면 매일 직동수련원 곳곳을 탐방했다. 꼭대기까지 5분이면 올라가는 작은 수련원이지만 산길과 이어지는 길이 있어 무한정 산속을 걸을 수 있었다. 밤 9시가 넘어서 맞는 숲속 공기는 오후의 것과 다르다. 3시의 직동수련원은 어쩐지 덥고 눈이 찡그려지는데 9시의 직동수련원은 밤공기를 즐기는 운동인이 된 것 같다. 6시간 동안 차분하게 공부를 했으면 이 두 차이가 더 아름답게 느껴졌을 텐데, 사실 4시부터 8시까지의 직동수련원 공기 또한 다 알고 있다. 이쯤 되면 도서관에 와서 수련원을 들르는 것이 아니라, 수련원에 매일 출석하러 오는데 그 김에 도서관을 잠깐 점검했다는 것이 맞는 표현 같다. 원래 시험기간이란 주변에 소중한 것들을 깨닫는 기간이 아닐까 생각해본다.

도서관은 유독 산속에 있는 경우가 많다. 많은 책을 보관해야 하니 장소가 넓어야 하고, 땅값을 감당하기 위해선 외곽에 있어야 할 것이다. 그렇지만 이런 경제적이고 삭막한 이유가 아니라 공부하다 답답할 때 산속 공기를 쐬라는 뜻이 담겨 있다고 생각하면 낭만적이지 않나. 내일 출근하며 언덕을 오를 때면 이 감동을 까맣게 잊고 돈 벌어서 평지에 도서관 짓자는 생각을 할 테지만, 밤공기를 맞으며 글을 쓰는 이 순간만큼은 전국에 있는 산속 도서관들의 낭만에 감사해본다.

희망도서를 들여놓는 기준?

공공도서관은 희망도서를 받는다. 세금으로 운영되는 공공기관이기 때문에 이용자들의 의견 반영에 적극적이다. 이용자들은 내가 원하는 책을 사지 않아도 되니 부담을 덜고, 사서 입장에서도 구입해야 할 책 목록을 찾아야 하는 일이 줄어드니 상부상조로 보인다. 그러나 골치가 아파지는 애매한 책들이 있다. 정치, 종교 서적이 그렇다. 특정 정치인이나 특정 종교에 대한 비판 혹은 찬양이 담긴 책은 항상 논란을 만든다. 이런 책은 구입 후에도 왜 이런 책이 도서관에 있느냐며 민원을 받곤 한다. 논란이 생기더라도 도서관은 모든 의견과 목소리를 존중해야 한다. 진보 도서가 희망도서로 들어오면 보수 도서를 구입하는 식으로 균형을 맞춰서 구입을 하기도 한다.

요즘은 독립출판물이 많아지면서 새로운 고민거리가 생겼다. 나 또한 독립출판으로 두 권의 책을 낸 경험이 있는데 첫 번째 책*은 판매중단을 시켰다. 대학생이라는 어린 치기에 출간했기에 시간이 지나고 다시 보니 부족함이 많았다. 허술한 문장도 많고, 자기 시야에 갇혀서 다양한 생각을 못했다는 단점도 보인다. 왜 이런 후회가 생겼을까? 독립출판을 하면 너무도 쉽게 책이 나올 수 있기 때문이다. 원고를 쓴 뒤, 출판사를 거치지 않으니 편집자와 의견교환 또는 비판을 받지도 않는다. 당장 어제 30분 동안 휘갈긴 10장의 글도 출판물의 형태로 나올 수가 있다.

앞서 말했듯이 도서관은 모든 의견과 목소리를 존중해야 한다. 개인의 문집, 일기, 기록 등 모든 창작물이 의미가 있다는 관념도 좋다. 그러나

---

* 『잣대봐라』, 퍼플, 2017.

물리적인 형태를 가지는 실제 세계에서는 이 관념을 어디까지 적용시켜야 하는지에 대한 기준이 필요하다. 그렇지 않으면 도서관 서가는 금방 가득 찰 것이다.

기준이 생기면 그 기준에 부합하는 자료와 그렇지 않은 자료가 생기고 필연적으로 옳다, 그르다, 좋다, 나쁘다 등의 가치 판단이 발생하기 마련이다. 개인이 이 역할을 맡으면 비판을 피할 수 없다. 그런 건 중세시대, 목사님만 가능하다. 그때는 종교라는 절대가치가 있었고 사람들은 불만이 있을지언정, 모두가 동의를 했다. 그러나 우리는 다원주의 시대에 살고 있다. 모두가 저마다의 가치관을 가지고 살기 때문에 가치판단은 그 누가 맡아도 비판을 피할 수 없다.

그렇기 때문에 공공기관은 최대한 주관을 배제한 기준만을 찾게 된다. 몇 페이지 이내의 쪽수, ISBN의 발급유무, POD라는 출판의 형태 등이 그것이다. 물론 출판사의 거름을 받았음에도 종이가 아까운 책들이 있고, 독립출판물임에도 훌륭한 책들이 있음을 알고 있다. 그러니 이 기준들은 객관적이지만 아쉬움이 많다. 그러나 출판사 서적과 독립출판물이라는 두 개 집단을 비교해봤을 땐 그나마 가장 비판을 덜 받는 거름망임에는 분명하다. 그러니 다원주의 사회에서 일하고 있는 사서로선 이것이 최선이라고 말해본다. 혹시라도 어떤 기준들을 세울 수 있을지, 아이디어가 있다면 공유해주길 바란다. 전국 사서들에게 찬사를 받을 것이다.

잠자는 책들을 깨우려면

영화 〈레옹2〉[*]를 시청한 감정은 복잡미묘했다. 주연 배우가 장 르노인 점 말고는 〈레옹〉[**]과 관계가 없는 영화인데 국내에 들어오며 제목을 〈레옹2〉로 바꿨다. 영화는 재미있었지만 일종의 '낚시'를 당한 꼴이라 기분이 좋지 않았다. 도서관에서 책을 꽂다 보면 이런 낚시를 연상시키는 책들이 종종 보인다.

---

* 제라르 크라브지크, 2001.

** 뤽 배송, 1994.

사람들은 도서관에서 알바를 하게 되면 책을 많이 읽게 될 것이라 생각한다. 읽을 기회가 많은 듯하기도 하다. 쉬는 시간도 있고 등을 돌리면 책이 있으니. 그러나 실제론 책을 읽기보다 책 표지만 많이 보게 된다. 대학시절 아르바이트생 때는 책 꽂는 업무를 맡아서(이를 '배가'라고 한다.) 책 표지를 많이 봤고, 열람실에서 근무할 때는 아침마다 책이 잘 꽂혀 있는지를 확인하느라 책 표지를 봤다.(이를 '정배열 본다'라고 한다.) 그러다 보면 온갖 책 제목에 능통하게 되는데 국내 책 제목들에는 '따라하기'라는 재미있는 현상이 보인다.

2016년에 나온 김수현 작가의 『나는 나로 살기로 했다』가 연이어 베스트셀러를 기록한 뒤 데이비드 시버리의 『The Art of Selfishness(이기심의 예술)』는 2017년에 『나는 뻔뻔하게 살기로 했다』로 국내 출판되었고 와타나베 준이치의 『鈍感力(둔감력)』은 2018년에 『나는 둔감하게 살기로 했다』로 출판하였다. 『무례한 사람에게 웃으며 대처하는 법』이 나온 이후에는 『은근한 잘난 척에 교양 있게 대처하는 법』*이 나왔고 『언어의 온도』가 나온 이후에 『문장의 온도』가 나왔으며 『미움 받을 용기』가 나온 이후에는 『거절 당할 용기』가 나왔다. 이런 '따라하기' 현상에는 『하마터면 열심히 살 뻔했다』를 따라올 제목이 없다. 하마터면 남들처럼 살 뻔했고, 회계를 모르고 일할 뻔하고, 돈 모르고 어른이 될 뻔하는 등등 유사한 제목의 책들이 대량으로 나왔다.

독립출판 대표 중 한 분은 이러한 현상을 보고 좋은 책보다 팔리는 책을 만들어야 할 만큼 출판시장이 열악해졌다는 반증이라고 했다. 2019년 문체부 국민독서 실태조사에 따르면 성인 한 해 평균 독서량은 7.5권이다. 그리고 이 일곱 권은 대부분 베스트셀러일 것이다. 통계자료로 나온 것은 아니지만 도서관에서 책을 꽂다 보면 자연스럽게 알게 된다. 자료열람실에 한 달 정도 책을 꽂다 보면 이용자가 찾는 책을 컴퓨터로 검색해보지 않고도 바로 책장에서 찾아드리곤 한다. 어차피 사람

---

* 에노모토 히로아키, 매일경제신문사, 2018.

들이 물어보는 책들이 정해져 있어서 위치가 외워졌기 때문이다.

도서관에서 가장 대출이 많이 되는 책은 서점가 베스트셀러, 드라마나 영화로 만들어진 책, 예능에 등장한 책, 네이버 메인에 올라온 책, 연예인이 인스타에 올린 책들이다. 배가를 하면서 가장 많이 오가는 책장은 아직도 히가시노 게이고의 책장이지만 최근 중국 작가들의 가벼운 문학이 치고 올라오고 있다. 서양 문학 중에선 프랑스가 강세인데 베르나르 베르베르에서 기욤 뮈소로, 그리고 더글라스 케네디와 넬레 노이하우스 순서로 '핫'해졌다가 요즘은 다양한 작가들의 춘추전국 시대가 열렸다. 이렇게 잘나가는 책 기백 권을 제외하면 도서관에 많은 책들은 이용자의 손길을 한 번도 타지 못한 채로 잠들어 있다. 사서들은 이런 책들을 보고 '잠자는 책'이라고 부르고 도서관에 잠자는 책이 없도록 행사*를 벌이기도 한다. 이런 책들을 볼 때마다 도서관의 '관'이 무덤을 뜻하

---

* 잠자는 책 대출 시 연체기록을 삭제해주는 행사 등이 있다.

는 것만 같아 안타깝다.

사서로 일을 하다 보면 사업을 위해 다양한 책을 찾게 되고, 나 역시 검색으로 나오는 유명한 책들을 먼저 접한다. 그러나 그들이 항상 좋은 책은 아니다. 꼭 베스트셀러가 아니어도 좋은 책은 많다. 재미있는 소설을 추천해달라고 하면 『시식시종』*이나 『비밀의 요리책』**을 추천한다. 두 책 모두 많이 팔리진 않아 절판이 되었지만 요즘 잘 나가는 베스트셀러 못지않게 재미있다. 오늘도 항상 정리하던 자리에 가서 책을 꽂다 보면 아쉬울 때가 많다. 도서관을 찾는 사람들이 다양한 책을 읽었으면, 그래서 도서 정리가 조금 더 힘들어졌으면 좋겠다.

---

* 우고 디폰테, 북스캔, 2013.

** 엘른 뉴마크, 레드 박스, 2009.

익숙한 책보다는 다른 종류의 책을

국민 독서율은 갈수록 낮아진다고 한다. 보통 이런 정보는 'OECD 국가 통계에 따르면~' 등의 문구로 시작하여 '~한국 청소년들의 문해력이 걱정된다'는 문장으로 끝나곤 한다. 그래서 그런가 도서관에는 다독을 권장하는 프로그램이 많다. 대표적으로 아이들이 읽은 책을 기록하고 목표 권수를 달성하면 상품을 주는 '독서통장'이 있다.

성인 평균 독서량이 1년에 10권이 되지 않고 갈수록 문해력이 떨어진다는 지적을 받는 요즘, 아동들에게 책 읽는 습관을 기르도록 권장하는 것은 도서관의 중요한 역할이라고 생각한다. 그러나 때로는 다독이 독이 될 수 있으며 적당히 힘을 뺀 독서가 필요할 때도 있다고 생각한다.

초등학교 6학년 때의 나는 다독을 찬양했었다. 하루 종일 10권의 책을 읽었다고 친구한테 자랑 메일을 보낸 기억이 있는데, 넌 무슨 그렇게 얇은 책을 읽었으면서 10권을 읽었다고 자랑하냐는 답장을 받았기 때문에 정확히 기억한다. 이 짧은 기억에서 많은 걸 유추할 수 있다. 그때는 카톡이 아니라 메일을 주고받았고, 나에겐 솔직하게 말해주는 친구가 있었고, 나는 자신이 읽은 책을 자랑하는 관종이었다.

사춘기 무렵에는 어떠한 행동을 해도 그 모든 걸 호르몬 탓이라고 변명할 수 있는 '중2병'에 걸리는 시기가 온다. 나의 경우 '해인사 프로젝트'라고 하여 인류가 핵폭탄 등의 재난으로 멸망하더라도 다음 세대에 건네줘야 하는 책들의 방주를 만들고자 했다. 한 사람이 평생 읽을 수 있는 양을 6,000권* 정도라고 계산했고 6,000권의 목록

---

* 1년에 100권을 읽고 평균 수명을 80세로 가정했다. 전체 수명 중

을 만들기 위해서 내가 읽은 모든 책을 매년 기록하여서 그중 만점을 준 책들만 우선 모을 계획이었다.

혼자서 핵폭탄을 견딜 수 있는 적절한 장소를 물색하고 노트에 이중 삼중의 철제문을 낙서하곤 했었다. 책 보관 장소는 바다에 한 군데, 달에 한 군데였다. 지금 생각하면 말도 안 되는 계획이다. 왜 굳이 바다 아래에 책을 묻어서 침수 피해를 자처했을까 싶다. 그러나 중고등학교를 다닐 때는 해인사 프로젝트에 사뭇 진지했고 독서기록장을 만들어 수련하듯 다독을 했다. 가장 많이 읽은 해는 고3 때인데 1년 동안 150권의 책을 읽었다. 언제부턴가 '일 년에 100권은 읽어야지'라는 마음이 강박처럼 있었고, 연말이면 100권을 채우기 위해 허겁지겁 부족한 책을 읽기도 했다.

하지만 대학에 들어간 이후 내 독서가 장르소설에만 편중되었다는 반성이 들었고 비문학에 관심이 높아졌다. 『총 균 쇠』는 다루는 내용이 광

책을 읽도록 성장을 해야 하니 최초 10년과 노인이 된 10년은 빼야 된다고 생각했다. 10대의 빈약한 상상력은 노년층을 너무 약한 존재로만 그렸다.

범위해 중간중간 도표를 그려서 지역별, 시대별로 비교해야 했고 『감시와 처벌』은 요약을 해가면서 앞과 뒤의 내용을 살펴가며 읽어야 했다. 『만들어진 신』과 같은 과학 서적은 중간중간 모르는 용어들을 검색해가면서 읽었다. 이런 책들을 읽다 보니 연간 독서량은 떨어질 수밖에 없다. 그래서 전역 이후로 1년에 100권 읽기를 내려놓았다. 처음엔 작가 지망생으로서 너무 방탕하게 사는 것이 아닐까, 라는 반성도 되었지만, 다독이란 집착을 내려놓으면서 문학에만 편중되었던 책읽기가 다양한 분야로 확장될 수 있었다. 그러자 독서는 나에게 새로운 세상을 선물해주었다.

그래서 나는 도서관을 찾은 방문자들에게 다독 대신 다양한 읽기를 권한다. 평소 문학만 읽었다면 비문학을, 비문학 중에서도 사회과학만 읽었다면 자연과학의 책을 권하는 식으로 말이다. 새로운 분야의 책을 권하는 이유는 독서야말로 가장 안전하게 낯선 세상을 여행하는 법이기 때문이다. 소매치기 걱정도 없이 유럽 여행을 가고 말라리아 모기의 위험도 없이 오지에 다녀온다. 과학자, 요리사, 만화가, 헬스 트레이너 등 각 분야의 전문가들에게 조언을 듣기도 한다. 내가 좋아하는 말이 있는데, 여태까지와 다른 삶을 원한다면 이전까지와 다른 행동을 하라는 말이다. 이를 도서관에 적용하여 여태까지 읽었던 책들과 다른 책들을 빌려 보는 것이 어떨까? 한 분야에 고착된 책읽기는 어쩌면 당신을 똑같은 세상에만 머물게 할지도 모른다.

찾아보면 다독 말고도 우리는 책에 대해서 많은 환상이 있다. '어디에서든 책을 읽자'도 그중 하나였는데 잔디밭이나 공원에서 책을 읽어보니 허리만 아팠다. 게다가 나무 밑에 있으면 빛도 일정하지 않고 잔디밭 위에 있으면 벌레가 엄청 신경 쓰인다. 인류가 책상과 의자, 조명 등을 발명한 데는 이유가 있는 법이다. 당신이 도서관에서 책을 빌릴 때 어떠한 의무감이나 환상이 없었으면 좋겠다. 꼭 베스트셀러가 아니어도 괜찮다. 굳이 많이 읽을 필요도 없다. 주말에 도서관에서 가서 이전에 읽지 않았던 한 권의 책을 빌려 보는 것은 어떨까?

차라투스트라가 뭐라고 말했더라?

바야흐로 큐레이션 시대다. 정보가 넘쳐나는 지금, 정보를 만드는 것보다 어떻게 분류하고 제공하는지, 어떤 정보가 믿을 수 있는지 판별하는 것이 중요해졌다. 도서관에서도 책 추천에 대한 관심이 높아졌다. 도서관을 방문하면 서가 속이나, 게시판 등에 책 추천이 있는 걸 볼 수가 있다.

가만 살펴보면 추천도 제각각이다. '사서가 추천하는 책', '사서가 읽은 책'처럼 사서가 직접 권하는 책들도 있고, '8월의 도서', '가을 테마도서', '이달의 주제 : 영화'처럼 주기적으로 주제를 바꿔가며 추천을 하기도 한다. '국립중앙도서관 추천도서', '서울대 추천도서' 등 기관 추천도서가 있을 때도 있고, 연령대별로 나눠 추천을 하기도 한다. 이런 추천들은 사람들을 위한 독서 길잡이가 되어준다.

도서 추천의 단골메뉴 중 하나는 고전이다. 고전들은 정어리 떼가 모여서 큰 물고기를 흉내내는 것처럼 전집으로 뭉쳐 있으며 책장 하나를 다 차지하여 엄청난 압도감을 자랑한다. 게다가 오래도록 읽히는 책들에는 이유가 있다며 다른 책들보다 먼저 읽어야 하는 추천도서로 잘 호명된다.

그러나 문학전집이라고 해서 그 책들이 꼭 다 읽어야 하고 다 좋은 책일까? 비교적 어린 나이에 소설가란 진로 선택을 하였던 나는 남들이 읽지 않는 고전도 다 읽어야 한다는 열띤 사명감에 불탔고 민음사 전집을 초등학교 때 거의 다 읽었다. 당연하지만 읽어도 무슨 소린지 모르면서 그저 '읽는다'에만 심취했었다. 그 증거로 나는 아직도 차라투스트라가 뭐라고 말했는지 모른다.

연령을 고려하지 않은 책 추천이 이렇게 위험하다. 선행학습으로 초등학교 때에는 또래들보다

성적이 좋았는데 정작 중요한 고등학교에 진학했을 때 성적이 떨어지는 경우가 있다. 암기력으로 순간적인 평가는 좋게 나오지만, 장기적으로 공부가 싫어지는 역효과를 낳은 것이다. 이 악의 굴레는 책에도 똑같이 적용된다. 아이들에게 맞는 책을 주고서 읽으라고 해야 하는데 무턱대고 고전이니까 읽으라고 하면 재미가 없을 수밖에 없다. 이렇게 보면 독서는 공부가 아닌데 공부처럼 시킨다. 그것도 올바른 공부가 아니라 주입식, 암기식, 선행학습에 급급한 잘못된 공부 말이다.

독자의 취향이나 연령을 고려하지 않은 상태에서 추천도서는 있을 수 없다. 누구에게나 좋은 책이란 존재할 수 없다. 그림도, 영화도, 노래도 예술 작품이 다 그렇다. 성별에 따라, 연령에 따라, 혹은 본인의 경험에 따라서 다르게 느낀다. 한 번에 취업이 되는 행운을 누리지 못했더니 영화 〈엑시트〉가 심금을 울리고, 짝사랑을 실패로 끝내 보니 이적의 〈빨래〉가 그렇게 슬프게 들린다. 만약 이 둘에 대한 선행 경험이 없었다면 감동은 덜했을 것이다.

책 또한 감상을 위한 순간이 있다. 초등학교 때 별로였던 『데미안』은 중학교에 들어가서 다시 읽으니 재밌었다, 성인이 되어 읽으니 지루하다. 데미안은 자신의 껍질을 깰까 말까 고민하는 시기에 읽어야 재미있다. 자기가 무슨 온실에 있는지도 모르는 화분 속 씨앗이나, 이미 온실 밖으로 나가서 세상 다 산 성인에게 데미안은 큰 의미가 없을 것이다.

『거미여인의 키스』나 『시계태엽 오렌지』는 거친 묘사들이 많기 때문에 어린아이들이 봤을 때 당혹스러울 수도 있다. 『오만과 편견』, 『포스트맨은 벨을 두 번 울린다』는 고전이라고 생각하면 어려운데 그 당시 핫한 드라마라고 생각하면 도전하고 싶어진다. 『백년의 고독』은 재미있긴 하지만 긴 글 읽기가 익숙해야 한다. 『위대한 개츠비』는 시대상을, 『구토』는 당대 철학을 알고 읽어야 제대로 읽힌다. 『고도를 기다리며』와 같이 배경지식이 있어야 이해가 되는 책들은 솔직히 읽기에 까다롭다. 이런 책들은 도전 의욕을 불태우며 무작정 읽기보다는 책의 이해를 위한 선행 학습이 필요하다.

가끔 친구들에게 "야! 나 책 좀 추천해주라" 식의 부탁을 받곤 하는데 거절을 하는 이유는 바로 이런 이유에서다. 상대방의 연령, 성별, 취향을 고려하지 않은 무작정 추천도서 읽기는 오히려 독서가 싫어지게 만든다. 그러니, 친구들아. 앞으로 나한테 책 추천을 바라지 않아 주겠니. A4 2장 분량으로 싫은 이유, 아니, 좋지 않은 이유를 적었으니 앞으로 추천요구를 자제해주길 바랍니다.

공공도서관을
북카페라고 이름 짓는 시대

근무했던 곳 중엔 북카페가 있었다. 지원공고에 분명 행정도서관이라고 적혀 있었는데 뽑히고 나니 명칭이 북카페로 바뀌었다.* 그게 뭐 큰일인 건가 싶겠지만 명칭은 기관의 정체성을 내포하고 있다는 점에서 중요하다. 북카페냐, 행정도서관이냐의 차이는 이 공간에서 일어나는 행위들에 대한 일종의 상징성을 보여준다…, 라고 대외적으로 말했지만 사실 이직할 때 북카페는 경력에 적기가

* ‘경기도청 북부청사 행정도서관’은 리모델링 이후 ‘경기평화광장 북카페’로 이름을 바꾸었다.

애매해진다. 사서로서 경력을 증명해야 하는데 카페에서 일을 했다니, 이 사람은 책을 정리했다는 것인가 커피를 탔다는 것인가. 친구들에게 말할 때는 좀 더 친근감이 있는 북카페로 소개를 했지만 업무적으로는 항상 행정도서관이라고 적어 이직을 대비하는 철두철미함을 보였다.

사실 북카페와 도서관은 명칭이 다를 뿐 업무는 크게 차이가 없었다. 책을 구입하고, 메타데이터를 입력하고, 대출반납하는 이용자를 상대하고, 문화행사를 기획했다. 다만 이곳은 보통 도서관들과 다르게 책을 읽으며 커피를 마실 수 있었다. 사서들이 뒷목 잡는 소리가 들린다. 음료 마시다 흘리면 어쩌시려고. 저러다 변상 안 한다고 하면 어떻게 하지. 하지만 따지자면 집에 가서 책을 읽는다고 음료를 흘릴 위험이 사라지는 것은 아니다. 그 외에는 북카페라고 해서 일하면서 크게 차이를 느끼지 못했다. 행사를 기획하면서 딱 한 번, 북카페니까 커피 수업을 열어보자는 생각을 했을 때 북카페에서 일한다는 걸 느낄 수 있었다.

공공도서관을 북카페라고 이름 짓는 걸 보며

시대의 변화를 느낀다. 도서관은 어쩐지 구식의 향기가 풍겨져 온다. 그에 반해 북카페는 커피 향기가 난다. 도서관에는 안경을 끼고 무거운 가방을 매고 온 20대 취준생이 있을 것 같은데 북카페에는 30~40대 사람들이 여유를 가지고 커피를 마시고 있을 것 같다. 이렇듯 도서관은 이름이 변할 뿐 아니라 외관 또한 예뻐지고 있다. 포토존을 꾸미는 곳도 많고 인테리어에도 신경을 많이 쓴다. 예쁘게 꾸민 도서관은 꽤 괜찮은 포토존이다. 예쁜데 화려하지 않아서 부담스럽지 않고, 감성은 충만한데 또 지적으로까지 보인다.

사람들의 수요에 맞춰서 변화하는 건 당연한 일이다. 사랑에 빠져본 사람들은 안다. 상대방이 원하는 모습에 맞춰서 자신을 꾸미는 건 사랑받고 싶은 사람의 자연스러운 모습이다. 도서관 또한 이용자들의 사랑을 받고 싶어 다양하게 변화하고 있다. 그러나 아무리 사랑에 빠져도 자신을 잃으면 좋지 않다. 그것은 거짓으로 자기 자신을 좀먹는 사랑일 뿐이다. 도서관이 아무리 변화를 해도 그 근본은 지켜야 할 것이다.

도서관 우수 이용자며 사서인 내 상상 속에는 도서관의 외적인 변화보다 내실이 더 변화했으면 좋겠다. 그런 의미에서 도서관이 점점 더 많은 행사를 진행했으면 좋겠다. 성인을 대상으로 도서관에서 밤새며 책도 읽고, 기껏 모였는데 혼자 읽기만 하면 아쉬우니 그룹별로 북토크를 한다. 그리고 다시 그룹별로 무슨 이야기를 했는지 모두와 이야기를 나누다가, 이것만으론 아쉬우니 중간에 맥주도 서로 나눈다. 조금 알딸딸해졌으면 잠깐 별 보러 나가서 천문 이야기로 시작된 신화 이야기를 하다가, 다시 도서관으로 들어와 밤샘 독서 신화를 만드는 거다. 물론 담당자 입장에선 바로 현실적인 문제가 떠오른다. 중간중간 인력 관리는 어떻게 할지, 알콜과 통제는 양립 가능한 것일지, 폐관 이후에 실내에서만 진행해야 하는 것인지 등등. 그렇지만 제약이 많으면 상상이 위축된다. 잠시만 사서 자아를 내려놓고 이용자 자아로만 생각을 해보자.

우리나라는 지난 20년간 도서관 수를 꾸준히 증가시켰다. 그러나 한 관당 방문자 수는 감소하고 있다. 도서관이 세워지면서 이용 인원이 늘어나야 하는데, 어느 순간부터 기존 이용 인원이 분산되고만 있다는 뜻이다. 우리에게 시급한 건 신규인원의 증대가 아닐까.

나는 성인 행사를 주로 하는 편이지만 이 부분에 있어서는 성인들보다는 어린아이를 도서관으로 유입하는 것이 옳다고 생각한다. 그리고 어린이 이용자들의 도서관 사용을 제한하는 라이벌은 스마트폰이라고 생각한다. 도서관 방문 시 안내데스크에 스마트폰을 맡기고 나갈 때 찾아가는 이용자들에게 대출 권수를 더 해주는 식으로 혜택을 주는 도서관은 어떤가? 어린아이의 지나친 스마트폰 사용은 집중력 저하와 후천적 사시 등 부정적인 영향을 끼치기도 한다. 전체 컨셉은 아날로그 힐링으로 잡고 손글씨 편지쓰기 등*의 이벤트 전시를 한쪽에 열어도 좋겠다. 아이들에게 도서관에 있는 순간만큼은 책에만 집중할 수 있게 만들어주는 취지인데 생각해보니 스마트기기에 피로감을 호소하며 디지털 디톡스를 원하는 사람들이 있지 않나. 성인들에게도 나쁘지 않은 제안

---

* 소원나무, 느리게 가는 편지 등은 도서관 전시물계의 고인물이다.

인 듯 싶다.

책 추천이 강화된 도서관도 늘었으면 좋겠다. 앞서 언급한 서재 프로젝트는 내 중2병의 산물이다. 그러나 나는 이 아이템에 꽤나 애착이 있다. 세상에 좋은 책은 이미 많다. 그것을 고를 힘이 없을 뿐이다. 우리는 선택지가 너무 많아 선택하지 못하는 선택의 역설 앞에 놓였다. 아이스크림 가게 앞에서 우물쭈물하는 어린아이처럼 너무 많은 맛 앞에 당황하고 있는데 문제는 맛없는 아이스크림을 몇 개 먹고서 도전의 의욕을 놓쳐버린 것이다. 전국의 사서들과 협업을 해서 추천 리스트를 만들어보면 어떨까? 출판사와 다르게 이윤을 추구하지도 않고, 대학교와 다르게 교육기관도 아니다. 정말 순수하게 책을 좋아하는 사서들이 모여서 재미와 흥미 위주로 책을 모으는 것이다. 매년 한 도서관 한 책 운동을 하고 있지만 과연 올해 자신이 사는 동네의 한 책이 무엇인지 아는 사람들이 몇이나 있을까. 차라리 전국적으로 이런 리스트를 만들어서 5년 내지 10년을 주기로 대대적인 홍보를 하는 것이 더 효과적이라고 생각한다.

코로나가 끝나면 해보고 싶은 책 축제가 있다. 넓은 광장에 여러 부스가 세워진다. 여기까진 평범하다. 그런데 이 부스마다 사진 촬영대를 설치해서 표시해둔 곳에 서면 자동으로 사진이 찍히게 한다. 이 사진 촬영대는 이용자의 동선에 따라서 입구 → 행사장A → 행사장B → 행사장C → … → 출구까지 곳곳에 위치되어 있다. 이용자들은 어플을 통해서 이 사진들을 다운받을 수 있는데 시간순에 따라서 자동으로 포토북 양식으로 다운 및 주문이 가능하다. 축제에 참가한 이용자들의 하루를 포토북이라는 책의 형식으로 남기는 것이다. 사진기기의 가격이 낮아지고, 안면인식 기술이 발달해서 비교적 저렴한 가격으로 설치가 가능하며 포토북 업체를 선정하여 함께 회의를 하면서 진행하면 재미있을 듯싶다.

이런 상상들이 결국 어떻게 하면 도서관에 사람들을 이끌 수 있을지에 대한 물음에 답을 내려줄 수 있을 거라 믿는다. 도서관은 변화하고 있다. 이 기관에 어떤 변화가 불어올지 기대가 된다.

'책=공부'라는 생각을 깨면

어렸을 때부터 이해가 되지 않았다. 주말에 도서관을 다녀왔다고 말하면 친구들이 주말에 왜 또 공부를 하냐고 묻는 것이다. 그러나 나는 공부를 한 적이 없다. 도서관에 놀러 갔고 책을 읽으며 놀았는데 자꾸 공부를 했다니. 많은 사람들에게 '책=공부'라는 생각이 있다. 문제는 또 많은 사람들이 '공부=지겨운 것'이라고 생각을 한다는 점이다. 결국 '책=공부=지겨운 것'으로 연상될 수밖에 없다. 그 결과 도서관이 지겨운 것들의 보관소처럼 느껴지게 되는 것이다.

아니라고? 그렇다면 다음 예시를 보자. 우리

는 미각의 차이를 표현할 때는 독특한 음식을 '좋아한다'며 취향과 관련 있는 단어를 사용하지만, 독서에 대해선 '어려운' 책을 읽는다는 등 인지 능력과 연관 있는 단어를 사용하는 경우가 많다. 우리가 독서를 취미가 아니라 학습으로 여기고 있다는 반증이라고 생각한다. 책에 대해 재미없다고 말하는 사람을 '저 사람은 책을 다 이해하지 못했을 거다'라고 여기기도 한다. 그러나 노벨상을 받은 작가들도 서로의 작품에 대해 졸작이라고 평하는 일이 있다. 고전 중에도, 남들이 다 읽은 책이라도, 혹은 문학상을 받았어도 자신의 취향이 아니면 아닌 책이다. 개인마다 취향에 맞지 않는 책이 있을 수 있는데 이것을 풀지 못하는 어려운 문제로 받아들이니 책이라는 항목 전체가 어렵고 답답하게 느껴지는 것이다.

그러니 도서관에 대한 오해를 풀기 위해 우리가 먼저 '책=공부'라는 생각을 깨보자. 물론 책 중에는 공부를 해야 읽을 수 있는 책들도 있다. 나에겐 은퇴 후 '괴델, 에셔, 바흐'를 읽어보자는 목표가 있다. 이 한 권의 책을 읽기 위해선 수많은 책을 참고해야 하기 때문이다. 하지만 이 공부는 억지 공부가 아닌 좋아하는 것을 더 깊숙하게 파기 위한 노력이다. 마블 영화를 떠올려보자. 마블에 빠진 사람들은 영화를 더 풍부하게 감상하고 싶기 때문에 마블에 관한 각종 '썰'을 정리한 유트브나 원작인 마블 코믹스에 대한 자료를 정리한 블로그를 검색한다. 이들은 영화에서 스치듯 지나친 장면이 품고 있는 메시지를 해석하고 인물들의 대화에서 다음 영화의 내용을 추리한다. 이들이 이렇게 영화를 보는 이유는 그것이 더 재미있기 때문이다. 어벤져스를 그냥 봐도 좋지만 '도대체 퓨리가 언제부터 토스트를 사선으로 잘라 먹었나'까지 신경 쓰면서 보면 감상의 폭이 넓어진다. 마그리트의 그림을 그냥 봐도 좋지만 원본과 복제품 사이의 위계를 다룬 철학을 공부하고 보면 해석의 깊이가 깊어지는 것과 마찬가지다. 이렇듯, 책, 영화, 그림 등의 예술을 감상하기 위해 공부를 하자는 말은 괜히 식자층이 예술을 어렵게 꼬는 것이 아니라 더 깊이 감상하기 위해서 노력하자는 말이다.

그러니 책도 머리 아프게 읽어야 한다고 딱딱

하게 생각하지 않았으면 좋겠다. 책 중에는 읽는 데 오래 손이 가는 책이 있을 뿐이다. 재미를 붙이지 않으면 그 과정이 지루하겠지만 재미만 있다면 이것은 정말 즐겁다. 때로는 책이 이해가 되지 않고 지루하기만 하다면 그냥 책을 덮어라. 먼저 책에 대한 자료를 찾고 그 책을 읽기 전에 알아야 할 정보가 있는지를 알아보고 난 후에 다시 책을 읽는 것이 도움이 될 수도 있다.

이런저런 말을 늘어놓았지만 결론은 사람들이 책을 재미있는 것으로 여기고, 그래서 도서관을 즐겁게 찾았으면 좋겠다는 것이다. 이곳은 공부하러 오는 곳이 아니라 놀러 오는 곳이다. 왜 도서관에 3D프린터가 있냐고 물으면 도서관은 단순하게 책만 있는 공간이 아니라 다양한 문화생활을 향유하는 기관이며 지역문화 발전에 이바지한다는 식의 일장 연설을 늘어놓을 수 있다. 그러나 우리끼리 하는 이야기지만, 내 생각엔 도서관이 즐거워지라고 만드는 것 같다. 도서관에서 즐거운 경험을 많이 만들면 그 감정이 책으로까지 이어지리라는 기대가 있기 때문이다. 당신이 도서관에서 즐겁게 웃고 떠들다 갔으면 좋겠다. 기분이 좋다고? 그 기분으로 도서관을 가자. 기분이 좋지 않다고? 기분 풀러 도서관에 가자.

나가며. 도서관에서 탄생한 책

2021년에 작가 세 분을 섭외해서 에세이 쓰기 수업을 운영했다. 기획은 단순했지만 강사가 아닌 작가를 섭외하는 과정이 힘들었다. 굳이 작가를 섭외한 까닭은 '작가'가 되고 싶어 하는 사람들이 많아졌고 이들에게 작가가 이끄는 글쓰기 수업을 제공하고 싶었기 때문이다. 매년 출판시장은 하향을 거듭한다고 하지만 글쓰기에 대한 수요는 오히려 늘었다. 코로나 이후 출판사에 투고하는 양이 1.5배는 늘었다고 하고, 손쉽게 책이 나오는 독립출판에 대한 관심도 높아졌다. 은유, 장강명, 이다혜, 정여울 작가 등 최근 몇 년간 작가들의 글쓰기 책도 많아졌다. 우스갯소리로 작가가 되고 싶어 하는 사람들이 모두 한 달에 한 권씩만 책을 읽어도 평균 독서량이 증가할 거라고 한다. 골드러시 시대에 금을 채굴하는 것보다 곡괭이 판매가 수익률이 더 높았다고 한다. 책쓰기 열풍이 분 지금, 도서관은 글쓰기 강좌에 집중을 할 때라 생각하고 기획을 했다.

반응이 정말 좋았다. 총 11강이었는데 12명의 참가자 중 11명이 수료를 하였으며 수강생들의 에세이를 모아서 문집을 제작했다. 후속으로 독서동아리를 만들었고 지속적으로 이분들이 글쓰기를 하실 수 있도록 응원을 드렸다. 이분들은 글쓰기를 잘하기도 하셨지만 정말 열정이 대단하셨다. 수필 공모전 정보도 공유하고 잡지에 투고도 하셨다. 이분들과 같은 단톡에 있다 보니 나 또한 열정에 감화가 되었고 에세이를 쓰고 싶다는 생각이 들었다. 마지막 장에 이런 반전이 숨겨져 있을 줄이야. 놀랍게도 이 책은 에세이가 시작이었다.

에세이를 써볼까, 생각을 하다 보니 소재는 자연스럽게 도서관으로 정해졌다. 전작인 『사서가 바코디언이라뇨』를 출간한 이후로 '도서관'에 대한 글을 쓰고 싶단 생각을 했었기 때문이다. 전작은 '사서'에 대한 이야기를 하고 싶어서 글을 썼다. 정확히 말해서는 국내 도서관 사서가 전문직이 아닌 비전문직으로 취급받는 현실을 비판하고 싶었다. 대외적으로는 사서의 업무가 많이 알려져 있지 않기 때문이라 생각해서 사서의 업무가 무엇인지를 적었다. 내부적으로는 사서들이 열람과 행사에 전문성을 가지지 못하고 수서에만 전문성을 가지고 있다는 점을 비판했고, 대학교 수업 등 사서 양성과정과 위탁도서관이라는 운영형태에서 어떤 문제점들이 생기는지를 밝혔다. 출판에 대한 반응은 생각보다 꽤 괜찮았지만 1년이 지나니 개인적으로 아쉬움이 많았다. 목표 독자가 일반인인지, 같은 직군인 사서들인지 모호했다. 일반인들이 읽기에는 너무 내부적인 이야기가 많아 딱딱한 책으로 느껴졌다. 사서들만을 대상으로 좀 더 비판의 날을 뚜렷하게 갈았더라면 더 좋은 책이 되지 않았을까 하는 아쉬움도 있었다. 그래서 다음 책은 일상적인 이야기만 풀던가, 아니면 아예 연구보고서처럼 딱딱한 글을 써보자고 생각했었다. 그렇게 나는 도서관 에세이를 소재로 결정하였다.

물론 에세이라는 것이 반전으로 느껴질 만큼 여전히 딱딱하긴 하지만 차츰 나아지지 않을까, 위로를 해본다.

이 책을 쓰기 시작하게 된 계기도 도서관 행사인데 원고 또한 도서관 행사가 계기가 된 모임에서 작성했다. 작년에 북튜버 공백님과 책읽찌라님, 시한책방님을 섭외를 해서 토크쇼를 기획했었다. 토크쇼 이후로 인스타를 팔로우해서 종종 소식을 듣곤 했는데 올해 공백님과 책읽찌라님이 '각자의 작업실'이라는 글쓰기 모임을 운영한다는 게시물을 보게 됐다.

참가자들은 매일 10시에서 12시, 한 달 동안 줌을 켜두고 글쓰기를 한다. 참가자들은 소정의 참가비를 내며 이 돈은 한 달 동안 결석 없이 참석을 모두 한 사람들이 나눠 가졌다. 나는 개인적으로 궁금증이 커서 참가를 했다. 코로나 이후로 줌을 켜두고 같이 공부하는 모임들이 생겼다는데 대체 왜 혼자 하는 작업을 굳이 영상을 켜두고 하는 것일까에 대한 의문을 풀고 싶었다. 총 19회, 스무 명 정도가 참가했고 여섯 분이 완주를 했는데 그중 한 명으로 전참을 해서 상금을 받아 갔다.

참가를 해보니 왜 사람들이 줌을 켜두고 공부하는지 알 수 있었다. 사람은 누군가 자기를 감시하고 있다는 마음이 들 때 더 열심히 하게 된다. '각자의 작업실'은 시작하기 전에 인사를 하고 5분가량 오늘은 어떤 글을 쓸지 소개를 한다. 그리고 끝날 때까지 서로 아무 말 없이 각자의 글만 쓴다. 이것만 봐서는 혼자 글쓰기와 크게 다를 것이 없는 것 같다. 하지만 시작할 때 남들 앞에서 이야기하는 그 짧은 순간이 중요하다. 엊그제도 '상호대차에 대해서 씁니다'라고 말했고, 어제도 상호대차라고 말했는데, 오늘 또 상호대차라고 말하면 너무나도 민망하지 않나. 물론 아무도 상대방이 삼일 내내, 혹은 한 달 내내 같은 소재로 글을 쓴다고 해서 크게 신경은 쓰지 않을 것이다. 그러나 사람들 앞에서 뱉은 말은 목표가 되어버렸고 오늘은 이걸 꼭 쓰겠다는 내적 다짐으로 작용하여 이 책의 초고가 한 달 만에 나올 수 있었다. 같이 참가했던 모든 분들이 나에게는 마감 같은 존재였던 것 같다. 마감이 없었다면 정말 많은 책들이 이 세상에 나오지 못했을 거라는 사실을 다시 한 번 깨닫는다. 더불어 이러한 형식의 프로그램을 도서관에서 직접 운영해도 좋겠다는 생각이 든다. 글쓰기에 대한 열풍이 불어올 때 도서관에서 글쓰기 모임을 운영해 도서관에서 받은 은혜를 갚으면 좋겠다.

도서관이 계기가 되어 도서관을 소재로 한 글을 도서관을 통해 알게 된 모임에서 썼다. 항상 도서관에 감사하면서 살아가겠다.

도서관으로 가출한 사서

초판 1쇄 발행 2022년 3월 2일
5쇄 발행 2024년 12월 13일

지은이 김지우
펴낸이 강수걸
편집 강나래 오해은 이선화 이소영 이혜정 김효진 방혜빈
디자인 권문경 조은비
펴낸곳 산지니
등록 2005년 2월 7일 제333-3370000251002005000001호
주소 부산시 해운대구 수영강변대로 140 BCC 626호
전화 051-504-7070 | 팩스 051-507-7543
홈페이지 www.sanzinibook.com
전자우편 sanzini@sanzinibook.com
블로그 sanzinibook.tistory.com

ISBN 979-11-6861-017-0 02020

* 책값은 뒤표지에 있습니다.
* 잘못된 책은 구입하신 곳에서 교환해드립니다.

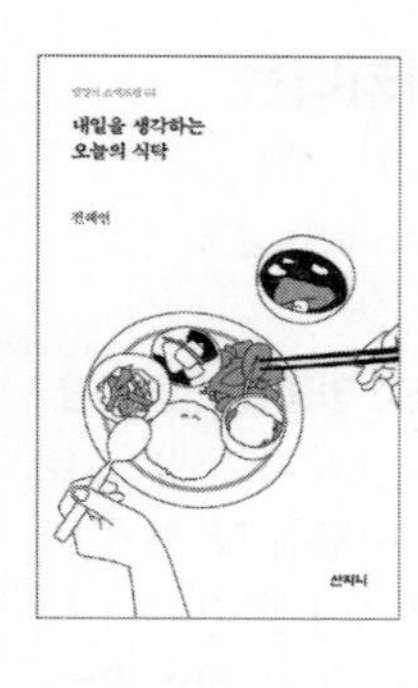

내일을 생각하는 오늘의 식탁

일상의 스펙트럼01

***조선일보/한국일보/경남도민일보 추천도서**

전혜연 지음

자신의 삶을 만들어나가는 기준,
마크로비오틱

계절에 따라 다르게 채색되는 식탁 이야기, 입맛 돋우는 싱싱한 제철 재료 이야기, 전자레인지와 일회용품 없이 사는 고집스러운 삶에 관한 이야기, 저자가 들려주는 마크로비오틱한 삶이 즐겁다.

내가 선택한 일터, 싱가포르에서 일상의 스펙트럼02

***한국일보 추천도서 *2020 청소년 북토큰 선정도서**

임효진 지음

해외취업에는 특별한 순간들이 있다

지난 6년간 저자가 경험한 싱가포르에서의 일과 삶이 솔직하게 담겨 있다. 취준생의 일상, 외국 회사의 시스템과 조직 문화, 매일 밥 먹듯 해야 하는 언어 공부, 집 구하기, 취미 활동, 연애 등 자신이 경험한 에피소드를 유머 있게 풀어낸다.

유방암이지만 비키니는 입고 싶어 일상의 스펙트럼03

***경향신문/국제신문/이데일리 추천도서**

미스킴라일락 지음

4기 암 환자의 씩씩하고 엉뚱발랄한 일상

유방암 선고를 받은 저자가 항암 치료와 재발을 경험하면서 겪은 암 환자 버전의 일상을 담은 에세이다. 자신의 블로그에 당당히 암 환자라는 것을 알리고, 암 치료 과정을 무겁지 않고 발랄하게 담아낸다. 저자는 아프기 전에는 해보지 못했던 일들을 시도하며 씩씩하게 제2의 인생을 살아가고 있다.

베를린 육아 1년 일상의 스펙트럼04

***조선일보 추천도서**

남정미 지음

아이 키우기로 베를린의 삶을 경험하다

특파원으로 일하게 된 남편과 함께 1년 동안 독일에서 지낸 경험을 담은 베를린 육아 일기다. 저자는 독일 사회가 어떻게 아이를 키우고 대하는지 아이를 존중하는 태도가 배여 있는 독일의 육아법을 전한다. 1년 동안 여행만으로는 느낄 수 없는 그곳에서의 생활을 통해 매력적인 도시 베를린을 좀 더 깊숙이 만나본다.

블로거 R군의 슬기로운 크리에이터 생활 일상의 스펙트럼05

***2022 청소년 북토큰 선정도서**

황홍선 지음

좋아하는 일을 설레면서 지속하는 힘

이 책은 취미가 콘텐츠가 되는 크리에이터 R군의 이야기를 통해 좋아하는 일은 지속 가능하게 하는 힘이 무엇인지 들려주고자 한다. 매일 새로운 크리에이터가 생겨나고 사라지는 무한경쟁 시대에, R군은 지치지 않고 오랫동안 콘텐츠를 만드는 이야기를 전한다.

어쩌다 보니 클래식 애호가, 내 이름은 페르마타 일상의 스펙트럼06

신동욱 지음

예비 선생님의 못 말리는 클래식 '덕질' 라이프

여행의 피로는 온천보다 클래식 공연으로 씻어내야 한다는 이 못 말리는 클래식 애호가의 여정은 클래식이 가지고 있는 무겁고 마이너하다는 편견을 '클래식 덕질'로 승화시켜 버린다. 그의 '덕질'을 따라가다 보면 어쩌면 나도 모르는 새에 클래식 애호가가 되어 있을지 모른다.

부산에서 예술을 합니다

일상의 스펙트럼07

임영아 지음

예술을 하려면 서울에 가야만 하나요?

부산에서 나고 자라 미술을 시작한 임영아 작가는 무언의 압박 속에 서울로 향하지만, 자신의 작품들 속에서 부산에 대한 그리움을 발견하고 결국 부산으로 돌아오겠다는 결단을 한다. '지역에서도 예술로 먹고살 수 있을까.' 이 질문에 작가의 용기 있는 한 걸음이 또 다른 선택의 가능성을 말해준다.

도서관으로 가출한 사서

일상의 스펙트럼08

*2022 대한출판문화협회 청소년 교양도서

김지우 지음

가출마저 도서관으로 했던 학생은
이제 도서관으로 '출근'합니다

도서관 마니아가 건네는 지금 도서관 이야기. 행사를 개최하고, 유튜브 채널을 운영하고, 유튜버를 위한 1인 미디어실을 제공하는 등 우리가 알지 못했던 사서의 일상과 도서관의 새로운 모습을 볼 수 있다.

동물, 뉴스를 씁니다

일상의 스펙트럼09

***2023 한국문화예술위원회 문학나눔 선정도서**

고은경 지음

**동물복지전문기자의 직업과
삶을 담은 에세이**

동물 기사를 쓰게 된 계기, 유기동물 입양 홍보 코너인 〈가족이 되어주세요〉와 동물을 위한 청원 〈애니청원〉의 탄생 배경, 동물 뉴스 취재기, 반려인으로서의 이야기 등 다양한 동물 이야기가 담겨 있다.

슬기로운 아프리카 생활

일상의 스펙트럼10

이은영 지음

**오해와 편견의 땅, 아프리카에서 전하는
누구보다 슬기롭게 사는 이야기**

우리는 아프리카 국가를 수혜국이자 위험한 여행지 정도로 인식한다. 빈번한 내전, 폭동, 굶주린 아이. 아프리카에 대한 부정적 이미지는 고착화되어 있다. 『슬기로운 아프리카 생활』은 이 편견에 가까운 이미지에서 벗어나 아프리카를 삶의 터전으로 바라본다.